Hermann Giesecke

Pädagogik als Beruf

Grundformen pädagogischen Handelns

9. Auflage 2007

Juventa Verlag Weinheim und München

Der Autor
Hermann Giesecke, Jg. 1932, Dr. phil., ist emeritierter Professor
für Pädagogik und Sozialpädagogik an der Universität Göttingen.

Bibliografische Information der Deutschen Nationalbibliothek

Die Deutsche Nationalbibliothek verzeichnet diese Publikation in der
Deutschen Nationalbibliografie; detaillierte bibliografische Daten sind
im Internet über http://dnb.d-nb.de abrufbar.

1. Auflage 1987
2. Auflage 1989
3. Auflage 1992
4. Auflage 1993
5., überarbeitete Auflage 1996
6. Auflage 1997
7. Auflage 2000
8. Auflage 2003
9. Auflage 2007

Das Werk einschließlich aller seiner Teile ist urheberrechtlich geschützt. Jede Verwertung außerhalb der engen Grenzen des Urhe-
berrechtsgesetzes ist ohne Zustimmung des Verlags unzulässig und
strafbar. Das gilt insbesondere für Vervielfältigungen, Übersetzun-
gen, Mikroverfilmungen und die Einspeicherung und Verarbeitung
in elektronischen Systemen.

© 1987 Juventa Verlag Weinheim und München
Umschlaggestaltung: Atelier Warminski, 63654 Büdingen
Umschlagabbildung: Wilhelm Busch, Lehrer Lämpel, 1865
Printed in Germany

ISBN 978-3-7799-0583-7

Vorwort zur 5. Auflage

Dieser Essay entstand Mitte der 80er Jahre als ein Versuch, der allenthalben geforderten „praxisorientierten" Ausbildung für pädagogische Berufe an den Hochschulen auf den Grund zu gehen. Vielfach handelte es sich dabei nämlich um ein nicht weiter präzisiertes Postulat, das nicht wenige Studierende so deuteten, als könnten sie nun auf die „Anstrengung des Begriffs" verzichten. „Handlungsorientierung" war gefragt, doch nach einer genaueren Beschreibung dessen, was pädagogisches Handeln denn nun eigentlich sei, suchte ich vergebens.

Seither ist das Interesse am Thema, wie einige neuere Veröffentlichungen zeigen, gewachsen. Es bewegt sich aber entweder auf der wissenschaftlich-internen Ebene und behandelt das Thema als *Gegenstand*, z.B. als Theorie-Praxis-Problem, oder die Veröffentlichungen begrenzen ihr Interesse auf bestimmte Berufsgruppen (Lehrer; Erwachsenenbildner; Sozialpädagogen), wobei die überlieferten *normativen* Prämissen mehr oder weniger deutlich die Argumentation fundieren. Keine der mir bisher bekannt gewordenen Publikationen folgt jedoch meinem Ansatz und betrachtet das pädagogische Handeln als einen *Standpunkt*, von dem aus sich alles Übrige — auch das Normative — neu ordnen läßt.

Deshalb erschien es mir zweckmäßig, den Band noch einmal in einer überarbeiteten Fassung vorzulegen, zumal er in der pädagogischen Ausbildung offensichtlich seinen Platz gefunden hat. Der Text wurde aktualisiert und ergänzt, wo es mir zur Präzisierung des Gedankenganges nützlich erschien; dabei habe ich auch kritische Einwände gegen die erste Fassung aufgegriffen.

Göttingen, Sommer 1995
Hermann   Giesecke

Inhalt

Einleitung:
Die Krise der pädagogischen Berufe 9

1 Was ist „pädagogisches Handeln"? 21

2 Der pädagogische Handlungsraum:
Situation, Institution, Feld 47

3 Die Struktur pädagogischen Handelns 59

4 Grundformen pädagogischen Handelns 76
Unterrichten 79
Informieren 84
Beraten 87
Arrangieren 94
Animieren 102

5 Die professionelle „pädagogische
Beziehung" 112

6 Konsequenzen für die pädagogischen
Berufsgruppen 132

7 Konsequenzen für die pädagogische
Hochschulausbildung 147

Literatur-Hinweise 158

Einleitung:
Die Krise der pädagogischen Berufe

Alle Berufe, die es gibt, können uns mittelbar oder unmittelbar von Nutzen sein: ein Anwalt vertritt meine Rechte, ein Zahnarzt saniert meine Zähne, ein Kfz-Schlosser repariert mein Auto, ein Maurer und andere Handwerker bauen mir unter Leitung eines Architekten ein Haus.

Wozu aber brauche ich einen Pädagogen? Gut, Lehrer unterrichten meine Kinder, Sozialpädagogen betreuen sie in einem Ferienlager — was mir die Möglichkeit gibt, einen Urlaub ohne Kinder zu verbringen — und wenn ich eine Fremdsprache lernen will, kann ich an einer Volkshochschule einen entsprechenden Kurs belegen. Pädagogen sind offenbar Menschen, von und mit denen man etwas lernen kann. Aber lernen kann ich von jedem Menschen, der von einer bestimmten Sache mehr versteht als ich: von meinem Arzt medizinische Erkenntnisse, von meinem Anwalt Einsichten in ein Rechtsproblem, von meinem Nachbarn Tips für die Gartenarbeit.

Im traditionellen Verständnis ist ein „Pädagoge" — wie es der Wortsinn nahelegt — jemand, der „Kinder", also Unmündige, „führt" beziehungsweise „leitet". Die Eltern gelten als gleichsam naturwüchsige Pädagogen, die professionellen Pädagogen — zum Beispiel Lehrer — verstehen sich als sachkundig im Hinblick auf die Bedürfnisse und Bildungsmöglichkeiten des Kindes. Sie haben das Kindsein wissenschaftlich studiert und kennen zum Beispiel seine Entwicklungsphasen; sie sind gleichsam „Kindfachleute". Von ihnen kann das Kind aber nicht nur etwas lernen, was ihm Spaß macht oder was ihm nützlich ist — das kann es von anderen Menschen auch — vielmehr gehört es herkömmlicherweise zum Selbstverständnis des Pädagogen, daß er im Unterschied zu anderen Menschen, von denen das Kind lernen kann, dessen Persönlichkeit *im ganzen* im Blick hat. Er hat eine Vorstellung davon, wie das Kind „ist" und wie es einmal werden soll, und deshalb versucht er, den Erziehungs- und Bildungsprozeß des Kindes *im ganzen* zu steuern. Er will dafür dem Kind eine entsprechende Umwelt schaffen, in der es sich „positiv" entwickeln kann; er bemüht sich, „schlechte" Einflüsse fernzuhalten. Die „positiven" Verhaltensweisen des Kindes werden ermutigt, zum Beispiel durch Lob, die „schlechten" werden getadelt. Die Schule soll — wie gesagt: in der überlieferten Berufsvorstellung — dem Kind einen „Bildungsgang" ermöglichen, wie er etwa in den Richtlinien der Kultusminister zum Ausdruck kommt, der über Jahre hinweg sorgfältig geplant ist. Es geht dabei keineswegs nur darum, daß der Schüler zum Beispiel in die Grundlagen der Naturwissenschaften eingeführt wird oder eine Fremdsprache lernt, also in bestimmten Sachen kundig wird, vielmehr muß dies alles einen zusätzlichen „pädagogischen Sinn" ergeben, eben im Hinblick auf die vorgestellte Gesamtentwicklung des Schülers. Der Schüler soll dabei zum Beispiel „mündig", „selbständig" und „kritisch" werden.

Das war bisher der Kern des professionellen pädagogischen Selbstverständnisses. Nicht, daß man von Lehrern oder Sozialpädagogen etwas lernen kann, sondern daß *nur das* gelernt beziehungsweise daß es *nur so* gelernt wird, daß jener „pädagogische Sinn" dabei auch erreicht wird. Aber eben dieser zentrale Punkt des pädagogischen Selbstverständnis ist fragwürdig, ist brüchig geworden, und deshalb befinden sich gegenwärtig alle pädagogischen Berufe in einer mehr oder weniger bewußten Krise. Ursache dafür ist ein durch den sozio-kulturellen Wandel bedingter Rückgang erzieherischer Einflußmöglichkeiten zugunsten annonymer Sozialisationsprozesse, wie ich es in meinem Buch „Das Ende der Erziehung" (Stuttgart 1985) geschildert habe. Weder Eltern noch Lehrer haben heute die Macht und die Möglichkeit mehr, die Persönlichkeit des Kindes *im ganzen* zu steuern. Was sie tun, hat immer nur *partikulare* Bedeutung und Wirkung, erfolgt im Umkreis und angesichts der Konkurrenz der kulturellen Wirkungen der Massenmedien und der Einflüsse der Gleichaltrigen. Unser traditionelles pädagogisches Denken ging aber immer von der Voraussetzung aus, daß es möglich sei, Kindern und Jugendlichen vor allem in Schule und Familie einen kontrollierten Lebensraum anzubieten, sozusagen ein „pädagogisches Milieu", dessen Wirkungen der Pädagoge überblicken und handhaben kann. Das wiederum setzte voraus, daß die „Erziehungsmächte", die das außerfamiliäre und außerschulische Leben der Kinder und Jugendlichen bestimmten — Öffentlichkeit, Kirche, Militär — zumindest im Prinzip gleichsinnig sich zu den pädagogischen Zielen verhielten, daß Kinder und Jugendliche also überall auf die prinzipiell gleichen Forderungen und Erwartungen trafen. Dafür sollten etwa Schulordnungen sorgen, die zum Beispiel auch das Freizeitleben der Schüler reglementierten, — es gab sie noch bis nach dem Zweiten Weltkrieg.

Aber spätestens nach dem Ersten Weltkrieg begann mit der politischen und kulturellen Liberalisierung des öffentlichen Lebens die Einsinnigkeit der Erziehungsmächte zu zerbrechen, auch die erzieherischen Wirkungen und die Sozialisationseinflüsse wurden nun pluralistisch. Weltanschauliche Auseinandersetzungen und die dadurch bedingte Relativierung der Normen und Werte schlugen auch auf das Leben der Heranwachsenden durch. Seitdem gibt es einen hartnäckigen Kampf der pädagogischen Profession — lange, noch mindestens bis Ende der 50er Jahre unterstützt von der öffentlichen Meinung — gegen die „schädlichen", „erziehungswidrigen" Einflüsse des öffentlichen Lebens, vor allem des Freizeit- und Konsumbereichs und der Massenmedien. Die pädagogische Profession sah sich im Kern ihres Selbstverständnisses — nur sie könne wissen, was gut sei für das Kind — durch die Konkurrenz der „Miterzieher" bedroht. In der Weimarer Zeit wurden die „Jugendschutzgesetze" erfunden, um Kinder und Heranwachsende vor „sittlicher Gefährdung" durch Vergnügungsstätten, Filme und Schrifttum zu bewahren. Es handelte sich also im wesentlichen um „Freizeitschutzgesetze". Um die Einsinnigkeit des pädagogischen Umfeldes zu retten, wurde in der Weimarer Zeit erbittert um Konfessionsschulen gekämpft, mit der Begründung, daß Kinder und Jugendliche eine normative Eindeutigkeit brauchten, sozusagen ein „geschlossenes Weltbild", damit der junge Mensch Identität finden kann, um danach der Auseinandersetzung mit anderen weltanschaulichen Auffassungen gewachsen zu sein.

Aber warum wirken die „Miterzieher" nicht mehr gleichsinnig zusammen mit den überlieferten pädagogischen Maximen? Die Antwort ist ebenso einfach wie folgenreich: Die „Miterzieher" richten sich nach den Gesetzen des *Marktes;* ihre Leitidee ist nicht, das zu produzieren, was im Sinne der überlieferten pädagogischen Maßstäbe „gut" ist für die Entwicklung des Kindes, sondern das, was sich optimal *verkaufen* läßt, und Kinder sind in diesem Zusammenhang nur insofern von Interesse, als man *an sie —* insofern sie selbst Geld haben — oder *auf dem Weg über sie* — um z.B. die Eltern zum Kauf zu animieren — Waren oder Dienstleistungen verkaufen kann. Entscheidend aber ist gar nicht das, was man gemeinhin „Konsumerziehung" nennt — also die Anleitung zum bewußten Umgang mit den Konsumangeboten — sondern die *normative* Konkurrenz, die dabei entstanden ist. Die *pädagogische* Norm, nämlich dem Kind einen „zubereiteten Lebensraum" zu sichern, in dem es seine Fähigkeiten entfalten kann, steht im harten Wettbewerb mit der Norm des Marktes, und diese ist expansiv, d.h. sie hat das Bestreben, keine marktfreien Räume, also auch keine entsprechenden Schutzräume für das Aufwachsen der Kinder zu dulden. Das gilt für den Freizeitmarkt wie für die kommerziellen Massenmedien. Vor allem das Fernsehen hat zur Auflösung der „pädagogischen Provinz" erheblich beigetragen. Einmal hat es sich — wie der Pädagoge Paul Heimann vor fast 30 Jahren bereits feststellte — zu einem eigentümlichen „Bildungssystem" (Heimann) neben unserem formellen Bildungssystem (vom Kindergarten bis zur Universität) entwickelt, zu einem System von Information und Unterhaltung, das sich ebenfalls nicht nach jener überlieferten pädagogischen Normativität richtet, sondern einerseits nach journalistischen Maßstäben (Information), andererseits nach ästhetischen bzw. künstlerischen (Unterhaltung), und diese sind — von spezifischen Kindersendungen abgesehen — grundsätzlich generationsunspezifisch konzipiert. Ein Nebenprodukt dieser Tatsache ist, daß die leichte Zugänglichkeit der Fernsehsendungen — auch der informativen — als Druck auf die Schule wirkt, ähnlich mühelos, leicht zugänglich und unterhaltsam auch dort didaktisch zu verfahren, — was, wie später noch zu zeigen sein wird, ein Mißverständnis von Schule, jedenfalls von Unterricht ist.

Eine weitere, in diesem Sinne gegenpädagogische Wirkung des öffentlich-rechtlichen Fernsehens ist, daß es im Informationsbereich zur „Ausgewogenheit" verpflichtet ist, d.h. dem politischen und weltanschaulichen, also normativen Pluralismus Raum geben muß. Dieser Pluralismus aber widerspricht per se einem nach pädagogischen Gesichtspunkten gestalteten Lebensraum der Kinder.

In diesem Zusammenhang ist es nicht uninteressant daran zu erinnern, daß ja die Nationalsozialisten noch einmal versucht haben — was ihnen seinerzeit nicht wenig Beifall eingebracht hat — die Gleichsinnigkeit der Erziehungsmächte auf ihre Weise zu realisieren, indem sie den „nationalsozialistischen Menschen" durch eine Art von konzertierter Aktion der gleichgeschalteten Massenmedien, der Schule, der HJ, der Lagererziehung usw. zu formen trachteten. Der Blick auf die Bemühungen des Nationalsozialismus zeigt, daß der Verlust der pädagogischen Einsinngkeit ein Teil des Prozesses der Fundamentaldemokratisierung ist, was in der pädagogischen Diskussion nicht immer beachtet wird.

Als Fazit dieses historischen Prozesses läßt sich feststellen, daß es in einem hochentwickelten Land wie dem unsrigen kein pädagogisches Umfeld mehr geben kann, in dem einsinniges pädagogisches Handeln im Blick auf die Gesamtpersönlichkeit des Kindes noch möglich wäre, aber das pädagogische Selbstverständnis geht nach wie vor davon aus. In diesem Widerspruch ist seine Verunsicherung begründet, und er ist die Ursache für mancherlei Kompensationen, zum Beispiel für das der pädagogischen Profession so eigentümliche politische und moralische Weltverbesserertum oder für tiefe Ressentiments gegenüber den Massenmedien, die die doch so gut gemeinte und wissenschaftlich und moralisch fundierte Erziehungsabsicht verhindern.

Diese heute zu beobachtende kulturkritische Empfindsamkeit ist insofern verständlich, als mit diesem Prozeß eine schleichende Abwertung der „pädagogischen Autonomie" einhergeht. Diese in den 20er Jahren von der sogenannten „geisteswissenschaftlichen Pädagogik" formulierte Leitvorstellung besagte, daß gerade die normative Pluralität sowie die Pluralität der unterschiedlichen, auf das Kind wirkenden gesellschaftlichen Interessen eine Filterung durch den Pädagogen erforderlich macht, um für das Kind „bildend" wirken zu können. Die „relative Autonomie" des Pädagogen beruhte darauf, daß er gleichsam als Vermittler zwischen diesen Ansprüchen und dem Bildungsprozeß des Kindes fungierte und insofern ein gewisses Maß an eigenverantwortlichem Handlungsspielraum brauchte, also ein entsprechendes Maß an Unabhängigkeit von den gesellschaftlichen Interessenten (Staat, Kirche, Wirtschaft usw.).

Gemessen an dem damals herrschenden weltanschaulichen Monismus etwa der Verfechter der Konfessionsschule war dieses Konzept insofern ein Fortschritt, als es dem gesellschaftlichen Pluralismus Rechnung trug und gerade von daher ein neues professionelles Selbstverständnis begründete: den Pädagogen, der die wirkliche Welt in seiner Person so umformt, daß sie einer ideal gedachten Entwicklung des Kindes von Nutzen sein kann.

Dieser Gedanke der relativen pädagogischen Autonomie ist dann nach 1945 — nicht zuletzt unter dem Eindruck der Erfahrungen im Nationalsozialismus — eigentlich erst zur öffentlichen Anerkennung gelangt. Ob Schule oder Sozialpädagogik — die Träger bzw. die Administration gewährten einen mehr oder weniger großen Handlungsspielraum für die so begründete pädagogische Professionalität.

Dieses durch die geisteswissenschaftliche Pädagogik fundierte Ideal pädagogischer Professionalität zerbrach seit den 60er Jahren. Manches kam dabei zusammen: Das politische Mißtrauen der 68er gegen die als konservativ geltende pädagogische Zunft überhaupt; die durch die „empirische Wende" der Erziehungswissenschaft unterstützte Forderung nach Präzisierung und öffentlicher Diskussion der Erziehungsziele und schließlich die darauf sich

stützende Bürokratisierung und Verrechtlichung des pädagogischen Handlungsraumes, die wiederum dem
Wunsch der Finanzminister entsprach, die Kosten des ex-
pandierenden Bildungswesens in Grenzen zu halten und
dafür Legitimationsmarken zu gewinnen. Durch diese mit
einander verzahnten und sich jeweils stützenden Entwicklungen ist das erwähnte „Autonomiekonzept" auf
Fragmente seines ursprünglichen Umfangs reduziert worden, aber das Selbstverständnis der pädagogischen Berufe
— längst im Widerspruch zur Realität stehend — orientiert
sich nach wie vor daran. Tatsächlich jedoch muß die Frage
nach der pädagogischen Professionalität auf diesem Hintergrund neu gestellt werden.

Ihr will ich in diesem Buch nachgehen. Damit setze ich
Überlegungen fort, die ich in dem Buch „Das Ende der Erziehung" (Stuttgart 1985) begonnen habe. Basierend auf
der dort formulierten Kritik am überlieferten Erziehungsbegriff und der von daher legitimierten pädagogischen Professionalität versuche ich hier nun die *positiven* Konsequenzen für das Selbstverständnis der pädagogischen Profession zu entwickeln. Die Schlußfolgerungen
für die Familienpädagogik habe ich in dem Buch „Die
Zweitfamilie" (Stuttgart 1987) zu erörtern versucht.

In diesem Buch geht es mir also darum, das pädagogische
Berufsverständnis neu zu formulieren. Dabei werde ich
vor allem folgende Thesen zu begründen versuchen:

1. Zentrale Aufgabe des pädagogischen Handelns ist nicht
„Erziehen", sondern „Lernen ermöglichen". Pädagogen
sind professionelle „Lernhelfer".

2. Da alle Lebensalter heute lernbedürftig und lernwillig
sind, ist pädagogisches Handeln nicht mehr auf das Kin-
des- und Jugendalter beschränkt, Kindheit und Jugend
sind nur ein Sonderfall für die pädagogische Profession.

3. Pädagogisches Handeln hat eine *partikulare* Perspektive, d.h. es zielt nicht auf die *ganze* Persönlichkeit des anderen, sondern auf diejenigen Aspekte, die eben durch ein
bestimmtes Lernen geändert werden sollen. Die Verantwortung für die Herausbildung der Persönlichkeit — also
für die je individuelle „Bildungsgeschichte" — fällt von

Kindheit an dem Einzelnen selbst zu. Pädagogen helfen dabei nur durch entsprechende Lernangebote. Pädagogisches Handeln ist also immer nur *Intervention* in einen unabhängig davon ablaufenden Lebens- bzw. Sozialisationsprozeß.

4. Im Unterschied zum privaten familiären Handeln ist *berufliches* pädagogisches Handeln *öffentliches* Handeln und insoweit in gesellschaftliche Institutionen eingebunden. Deren Erwartungen z.B. ökonomischer oder administrativer Art müssen deshalb in das pädagogische Handeln mit übernommen werden. Es gibt also kein „reines", das heißt nur auf Lernhilfe orientiertes pädagogisches Handeln.

5. Die empirisch vorfindbaren pädagogischen Tätigkeiten lassen sich auf 5 Grundformen reduzieren: Unterrichten, Informieren, Beraten, Arrangieren und Animieren. Diese Grundformen werden je nach Berufsart − z.B. Lehrer oder Sozialpädagoge − in unterschiedlichem Maße beansprucht, machen aber *gemeinsam* die professionelle Kompetenz eines *jeden* pädagogischen Berufes aus.

6. Pädagogisches Handeln ist eine Form des *sozialen* Handelns, also auf das Handeln anderer Menschen bezogen und hinsichtlich seines Erfolges von daher maßgeblich abhängig. Deshalb wird die professionelle pädagogische Kompetenz nicht in erster Linie durch Regeln einer „pädagogischen Technologie" fundiert, sondern durch die Qualität der jeweiligen „pädagogischen Beziehung".

7. Diese „pädagogische Beziehung" ist partikular, auf einen bestimmten Zweck („Lernhilfe") und auf die Dauer dieses Zweckes begrenzt und somit auf ihre ständige Auflösung angelegt.

Um diese Thesen näher zu erläutern geht das erste Kapitel der Frage nach, was pädagogisches Handeln eigentlich ist im Unterschied zu anderen Formen menschlichen Handelns. Das zweite Kapitel lenkt den Blick auf den „Raum", in dem dieses Handeln stattfindet und damit auf diejenigen Faktoren, die es ermöglichen und begrenzen. Das dritte Kapitel wendet sich dann der inneren Struktur des pädagogischen Handelns zu und das vierte Kapitel versucht, die genannten Grundformen pädagogischen Han-

16

delns näher zu beschreiben. Daran schließt sich an eine Erörterung der für alle pädagogischen Berufe geltenden „pädagogischen Beziehung", und die letzten Kapitel versuchen schließlich, Konsequenzen für die pädagogischen Berufsgruppen und für die pädagogische Hochschulausbildung zu formulieren.

Ich versuche, das Thema systematisch zu behandeln, indem ich auf die Phänomene selbst zurückgehe. Was „Handeln" und was „pädagogisches Handeln" ist, darüber hat jeder Mensch Erfahrungen, eben weil er immer schon gehandelt hat. Diese Erfahrungen versuche ich anzusprechen, zu erweitern und zu vertiefen, oder besser: ich versuche dem Leser eine Möglichkeit dazu zu geben. Dabei geht es mir nicht um Vollständigkeit oder gar um den Entwurf einer neuen Theorie, sondern um eine einigermaßen differenzierte Beschreibung der Realität. Ich gehe von dem aus, was sich gegenwärtig in den schulischen und außerschulischen pädagogischen Feldern an Handlungsformen beobachten läßt, ich will diese Formen also weder in ihrer historischen Genese rekonstruieren noch sie aus irgendwelchen theoretischen Prämissen deduzieren.

Das Problem ist offensichtlich, daß Handeln ein *Gegenstand* und ein *Standpunkt* sein kann. Mache ich es zum *Gegenstand,* dann ist es einer systematischen (philosophischen, soziologischen, psychologischen) Analyse zugänglich, es wird theoriefähig, aber um den Preis, daß es in die systematischen Bezirke der jeweiligen Wissenschaft eingemeindet wird. Im besten Falle ergibt sich dann daraus eine unbestreitbare, aber eben auch unbrauchbare Theorie, — unbrauchbar für den, der pädagogisch handeln muß. Von dieser Art sind fast alle neueren Arbeiten, die zum Thema vorliegen; sie erörtern es im Rahmen der erziehungswissenschaftlichen Systematik.

Wähle ich dagegen pädagogisches Handeln nicht als Gegenstand, sondern als *Standpunkt,* dann ergibt sich eine gänzlich andere Perspektive. Nicht die Kategorien und Denksysteme einer systematischen Wissenschaft stehen jetzt im Mittelpunkt, sondern es ist die Reichweite der Vorstellungskraft, die ein Handelnder aufbringen kann, um sein Tun planmäßig und reflektierbar zu gestalten. Eine Wissenschaft hat tausende von Köpfen, die über ihre Gegenstände Erkenntnisse produzieren und diese Produkte wiederum kritisieren, ein Handelnder hat nur einen einzigen Kopf, dessen Fassungsvermögen begrenzt ist. Wenn jemand handelt, dann organisiert er seine Vorstellungen und Erfahrungen und sein Wissen um, er instrumentalisiert dies alles für seinen Zweck, nämlich erfolgreich zu handeln. Was er dafür nicht braucht, das versucht er auch gar nicht erst zu mobilisieren. Aber die neuen Einsichten und Erfahrungen, die mit jedem Handeln gewonnen werden, werden rückübersetzt, neu integriert in den systematischen Vorstellungszusammenhang, werden gleichsam dem Repertoire der Vorstellungen hinzugefügt, das dann weiterem Handeln wieder zur Verfügung steht. Daraus läßt sich folgern, daß systematisches Wissen, wie es zum Beispiel im Studium erworben wurde, *als solches* für das Handeln irrelevant ist, aber als *Repertoire* für Handlungswissen zur Verfügung steht, wenn es entsprechend instrumentalisiert wird. *Systematisches* und *aporetisches* (= an Problemen orientiertes) Wissen bedingen sich also gegenseitig.

Mir geht es im folgenden nicht um das systematische Repertoire, nicht um das pädagogische Handeln und seine Bedingungen als *Gegenstand,* sondern als *Standpunkt.* Ziel ist nicht eine systematische Theorie des pädagogischen Handelns, sondern der Versuch, es vom Standpunkt des Handelnden aus so zu beschreiben, daß er ein Instrument bekommt, mit dem er die für seinen Fall und für seine Situation nötigen Recherchen anstellen und seine Handlungen reflektieren kann. Ich erkläre also nur so viel, wie mir für den Standpunkt des Handelnden nötig erscheint. Pädagogisches Handeln kann man nämlich nicht lehren und man lernt es nicht aus Büchern, auch nicht aus diesem. Handeln lernt man nur durch Handeln *und* Reflektieren. Möglich ist nur, ein Vorstellungsmodell anzubieten, das Reflexionen erlaubt und das der Handelnde dann mit seinen Daten konkretisieren muß.

Ich gebe zu, daß dieses Vorhaben gewagt ist, weil dabei ungemein vereinfacht, also Komplexität reduziert werden muß. Rechtfertigen kann ich dies nur damit, daß genau das auch das Problem des Handelnden ist, nämlich daß er schon gemessen an dem, was er selbst weiß, geschweige denn, was er alles noch wissen *könnte,* geradezu unglaublich vereinfachen muß, um immer wieder handeln zu können. Die Perspektive des Handelnden ist nahezu grenzenlos, es gibt sehr vieles, was er „eigentlich" bedenken müßte. Ich traue mir zu, jedem Pädagogen — zum Beispiel einem Lehrer — zu „beweisen", daß es gut für sein Handeln wäre, wenn er möglichst viel von Aristoteles, von Tiefenpsychologie, von moderner Literatur und von tausend anderen Dingen verstünde. Aber das gilt nur „eigentlich", denn das Ausmaß an Informationen und an Denkperspektiven, das er wirklich für ein bestimmtes zielgerichtetes Handeln verwenden kann, ist in Wahrheit ungemein begrenzt. Ich bewege mich im folgenden also in einem Bereich, der *zunächst* geklärt werden muß, bevor es überhaupt sinnvoll wird, Erziehungswissenschaft *systematisch* zu studieren. Warum sollte jemand z.b. sich mit didaktischen Theorien beschäftigen, solange er nicht weiß, welchen Aspekt seines künftigen professionellen Handelns er damit aufklären soll? Vom Standpunkt des Handelns aus gesehen haben *systematische* wissenschaftliche Argumentationen eine aufklärende Dienstleistungsfunktion: sie sind von sekundärer Bedeutung, fruchtbar nur dann, wenn sie das Handeln zu deuten und zu korrigieren vermögen; sie können — anders gesagt — nur der *Reflexion* des Handelns nützen, aber eben nur dann, wenn eine einigermaßen zutreffende *Gesamtvorstellung* über dieses Handeln und seine Bedingungen und Grenzen vorhanden ist.

Für diesen Zugang zum Phänomen des pädagogischen Handelns — einer im Alltag jedermann bekannten Praxis — ist u.a. spezifisch, daß er zunächst rein formal bleibt und zB. nicht gleich mit Erörterungen über die Normativität der Sache beginnt. Vom Standpunkt des Handelnden aus bleiben solche Aspekte in der Tat zunächst einmal sekundär, sind keine Vorgabe, aus der sich alles andere ableiten ließe. Vielmehr wird diesen und anderen inhaltlichen Implikationen des Handelns in meiner Darstellung ein Ort zugewiesen, an dem sie ihren Platz haben, — z.B. als schöpferische Idee des einzelnen Pädagogen oder als ihm von seinem Träger oder von einer Institution vorgegebener

Anspruch. Insofern handelt es sich hier im Vergleich zu den meisten anderen Annäherungen an das Thema um einen deutlichen Perspektivenwechsel.

Ich unterscheide im folgenden nicht zwischen „Beruf" und „Profession". Die Diskussionen der letzen Zeit über „Professionalisierung", die zwischen beidem in der Regel differenzieren (Vgl. DEWE u.a.), sind insoweit in unserem Zusammenhang nicht ergiebig, als zB. das dabei angeführte „Autonomie-Kriterium" höchst problematisch ist; ob ein unter Marktbedingungen freiberuflich tätiger Arzt — der in der einschlägigen Literatur als Prototyp moderner Professionalität gilt — tatsächlich gegenüber einem beamteten Lehrer einen Vorzug an „Autonomie" aufweist, kann durchaus bezweifelt werden. Als „Beruf" bzw. „Profession" bezeichne ich also die Tätigkeit von Pädagogen, insofern sie dafür bezahlt werden und diese auf einer besonderen Ausbildung beruht. Eine andere Frage ist allerdings, ob das mit dieser Tätigkeit verbundene Bewußtsein dem vergleichbarer Berufe entspricht; davon wird noch die Rede sein.

Um alle wesentlichen Faktoren, die das pädagogische Handeln bedingen, in einem inneren Zusammenhang darstellen zu können, wobei einerseits die Komplexität der Sachverhalte gewahrt wird und andererseits die Darstellung offen bleibt für eine prinzipiell unbegrenzte Vertiefung der einzelnen Aspekte, muß ich den direkten Zugriff auf die fraglichen Phänomene wählen. Als „Beweismittel" dafür kann im Grunde nur die Erfahrung des Lesers gelten. Deshalb ist dieser Text in der Form des Essay geschrieben. Er wendet sich an die immer schon vorhandenen Erfahrungen des Lesers und verzichtet auf Auseinandersetzungen mit der vorliegenden Literatur, weil diese — wie schon gesagt — im wesentlichen einen wissenschaftsinternen Charakter hat und deshalb für eine Auseinandersetzung mit ihr erhebliche Umwege nötig wären. Die wichtigsten, vor allem neueren Arbeiten habe ich aber im Literaturverzeichnis genannt.

1 Was ist „pädagogisches Handeln"?

Handeln ist allgemein ein bewußtes und willentliches menschliches Tun, das auf die Gestaltung der Wirklichkeit gerichtet ist; der Handelnde verfolgt dabei bestimmte Ziele und hat dafür bestimmte Motive.

Richtet sich das Handeln auf die Veränderung natürlicher Gegebenheiten, sprechen wir von *technischem* Handeln; es beruht auf der Kenntnis der Naturgesetze und ist nach dem Kausalitätsprinzip angelegt: Um eine bestimmte *Wirkung* zu erreichen, muß eine bestimmte *Ursache* beziehungsweise ein Bündel von Ursachen entsprechend zweckmäßig arrangiert werden.

Richtet sich das Handeln auf die Veränderung von *Menschen* beziehungsweise von menschlichen Verhältnissen und Bedingungen, dann sprechen wir von *sozialem* Handeln. Dazu gehört offensichtlich auch das pädagogische Handeln.

Soziales Handeln ist immer *wechselseitiges* Handeln, d.h. am Handeln anderer orientiert. Wie groß oder gering die Chancen auch sein mögen, die Ziele des eigenen Handelns durchzusetzen: die anderen sind keine tote Materie, mit der sich beliebig umspringen ließe, vielmehr haben sie ein hinreichendes Maß an *Freiheit,* ebenfalls zu handeln, z.B. *gegen* die ihnen angesonnen Ziele zu handeln. Zum Begriff des sozialen Handelns gehört dieser Freiheitsspielraum als notwendige Bestimmung dazu, d.h. es gibt immer auch die Möglichkeit, anders zu handeln, als man es tatsächlich tut.

Für pädagogisches Handeln folgt daraus: Es gibt in einer bestimmten Situation immer einen *Spielraum* vernünftigen, d.h. zielorientierten pädagogischen Handelns, und dieser Spielraum kann sich nicht im isolierten Kopf des Pädagogen konstituieren, sondern ergibt sich auch aus dem „Gegen-Handeln" der anderen.

Es gibt also in einer bestimmte pädagogischen Situation kein *„richtiges"* pädagogisches Handeln in dem Sinne, daß man nur so und nicht anders agieren könne; vielmehr können wir uns jeweils nur *„angemessen"* verhalten, wir haben immer mehrere Möglichkeiten zur Verfügung, je nachdem, wie die andere Seite sich verhält. Es gibt unterrichtstechnologische Konstruktionen, die uns das Gegenteil nahelegen, daß es jeweils nämlich nur *eine* richtige didaktische Handlung geben könne; aber solche Konstruktionen müssen mit der Unterstellung arbeiten, daß die Schüler nicht agieren, sondern nur im gewünschten Sinne reagieren. Die Suche nach dem jeweils einzig möglichen „richtigen" Handeln setzt also den *sozialen* Charakter des pädagogischen Handelns aufs Spiel bzw. ignoriert es.

Nun gibt es verschiedene Formen des sozialen Handelns, z.B. politisches, medizinisches, bürokratisches und ökonomisches Handeln. Worin unterscheidet sich pädagogisches Handeln von diesen anderen Handlungsformen, worin liegt seine Besonderheit? Dem ursprünglichen Wortsinne nach hat Pädagogik etwas mit Kindern zu tun. Ziel pädagogischen Handelns wäre dann ganz allgemein, Kinder bzw. Minderjährige in ihrer Entwicklung positiv zu fördern und schädliche Einflüsse von ihnen fernzuhalten, ihnen also in diesem Sinne Erziehung und Bildung zu ermöglichen. So ist Pädagogik auch traditionell im allgemeinen verstanden worden. Diese Vorstellung hatte zur Voraussetzung, daß Erwachsensein, wozu Pädagogik ja verhelfen sollte, als eine im Kern unstrittige Norm gelten konnte: Erwachsene hatten demnach die für ihr weiteres Leben nötige „Reife" erreicht und mußten z.B. nicht weiter lernen. In diesem Verständnis war pädagogisches Handeln darauf angelegt, sich selbst mit der Mündigkeit des Zöglings überflüssig zu machen. Wegen des rapiden sozio-kulturellen Wandels, in dem wir uns befinden, kann von einer solch klaren Abgrenzung nicht mehr die Rede sein. Erwachsene, inzwischen bis ins hohe Alter hinein, müssen nicht nur weiter lernen, sie wollen es vielfach auch. Bildung und Weiterbildung sind heute für alle Altersstufen selbstverständlich geworden. Hat man zudem früher Behinderte, Gebrechliche, Geisteskranke lediglich versorgt und gepflegt, so versucht man seit geraumer Zeit, sie ebenfalls als — wenn auch begrenzt — lernfähig zu betrachten und ihnen wie allen anderen Menschen ein Höchstmaß an Entfaltung ihrer noch vorhandenen Fähigkeiten zu ermöglichen, damit auch sie ein möglichst selbstbestimmtes Leben führen können. Das pädagogische Handeln erstreckt sich also inzwischen weit über die Kindheit hinaus und hat nicht nur alle menschlichen Altersphasen, sondern auch solche Gruppen von Menschen erfaßt, die wie die Behinderten früher als nicht weiter bildbar gegolten haben.

In diesem Prozeß der Erweiterung hat sich das pädagogische Handeln jedoch auch spezialisiert und partikularisiert.

Im Rahmen der Familie können wir uns vielleicht noch einen umfassenden Begriff des Pädagogischen vorstellen, der das gesamte Handeln der Eltern in bezug auf ihre Kinder erklärt: sie zu lieben, zu behüten, sie zu versorgen, zu fördern usw. Man kann vielleicht immer noch davon ausgehen, daß zumindest aufgeklärte Eltern ihren Kindern *im ganzen* ein optimales Aufwachsen, zunehmende Selbstständigkeit und Autonomie ermöglichen wollen. „Pädagogisch" wäre dann alles, was — nach Meinung der Eltern — „gut ist für das Kind". Die Familie ist eine *Lebensgemeinschaft*, in der sich die Beteiligten in ihrer ganzen Menschlichkeit begegnen, und in ihr gelten deshalb andere Regeln, als in professionellen pädagogischen Beziehungen.

In öffentlichen pädagogischen Einrichtungen hingegen, zum Beispiel in der Schule, ist ein solches umfassendes Verständnis und Verhalten gegenüber dem Kind nicht mehr möglich. Die gesellschaftliche Arbeitsteilung, die für unsere Gesellschaft konstitutiv ist, hat längst auch die öffentliche Erziehung erfaßt. Wie jede öffentliche Institution — Parlament, Polizei, Finanzamt — immer nur *partikulare* Ansprüche an Menschen erheben kann und niemals die Persönlichkeit *im ganzen* ins Visier nehmen darf, so kann auch die öffentliche Institution Schule nur partikulare, also begrenzte Forderungen und Erwartungen an die Schulkinder beziehungsweise deren Eltern richten. Welche das sind, müßte in den Schulgesetzen eigentlich klar ausgedrückt sein. Allerdings finden sich in solchen Texten fast immer noch Passagen, die umfassende statt partikulare Erziehungs- und Bildungsabsichten zum Ausdruck bringen. Dies ist historisch zu erklären, weil noch bis nach dem Zweiten Weltkrieg die Schule — und entsprechend andere öffentliche pädagogische Einrichtungen auch — als wichtige staatliche Erziehungsmacht angesehen wurde, die zum Beispiel bis zu einem gewissen Grade auch das öffentliche Freizeitleben ihrer Schüler reglementieren und allgemeine Charaktermerkmale wie „Betragen" zensieren durfte. Im Bereich der öffentlichen Erziehung hat sich also das Prinzip der gesellschaftlichen Arbeitsteilung und damit der institutionellen Partikularität der Ansprüche an Schüler beziehungsweise Eltern nur mühsam durchsetzen können. Dieses Prinzip der Partikularität ist gegenwärtig im öffentlichen Bewußtsein nicht besonders deutlich erkennbar, u.a. weil auch bestimmte reformpädagogische Ideen und Vorstellungen unter den Lehrern verbreitet sind, die einen verhältnismäßig umfassenden Erziehungsanspruch zum Ausdruck bringen, zum Beispiel mit der Begründung, daß die Schule Defizite in der Familienerziehung aufgreifen, beseitigen oder wenigstens kompensieren müsse. Daran wird ein fundamentaler gesellschaftlicher Widerspruch deutlich: Auf der einen Seite ist die Partikularisierung der öffentlichen Ansprüche an den Einzelnen — also die darin zum Ausdruck kommende gesellschaftliche Arbeitsteilung — eine der wichtigsten Bedingungen für den politisch-gesellschaftlichen *Freiheitsspielraum,* den wir alle haben. Andererseits ist eine Folge davon eben auch das verbreitete Gefühl der Entfremdung, der Kälte in den menschlichen Beziehungen, und gerade Pädagogen neigen dazu, vor allem im Umgang mit Kindern diese Entfremdung zu unterlaufen durch das Angebot einer doch wieder relativ umfassenden Beziehungsstruktur zu den Kindern. Mir geht es aber in diesem Buche gerade darum, den unabweisbaren Zusammenhang von Partikularität und pädagogischer Professionalität herauszustellen.

Stellt man auf diesem Hintergrund die Frage nach dem, was das Ziel des pädagogischen Handelns im Unterschied zu anderen Formen des sozialen Handelns ausmacht, so wird es plausibel, diese Frage mit „Lernen" zu beantworten. Pädagogen sind demnach Menschen, die anderen, ob Kindern oder Erwachsenen, Lernen ermöglichen sollen, sie sind „Lernhelfer". Den Begriff des „Lernens" möchte ich dabei im umgangssprachlichen Sinne inhaltlich offenhalten: Gelernt habe ich dann etwas, wenn ich nun etwas weiß oder kann, was ich vorher nicht gewußt oder gekonnt habe.

Bekanntlich ist der Mensch bei seiner Geburt allein lebensunfähig; seine weitere Existenz hängt von der Fürsorge anderer Menschen ab. Nur durch Lernen kann er sich in die Lage versetzen, im Rahmen seiner jeweiligen Kultur ein selbständiges Leben zu führen. Der Mensch ist also von seiner Natur her ein „lernbedürftiges Wesen". Ob man daraus auch folgern muß, daß er „erziehungsbedürftig" ist, ist strittig. Versteht man unter „Erziehung", daß das Kind sich nach den Vorstellungen von Erwachsenen — zum Beispiel der Eltern — also gleichsam nach deren Bilde, zu formen und zu entwickeln habe, weil es von sich aus keine Form finden könne, so ist diese Schlußfolgerung falsch. Akzeptabel ist sie, wenn man unter „Erziehung" versteht einerseits ein dem jeweiligen Alter angemessenes Lernangebot und andererseits das Setzen von Grenzen für den Handlungsspielraum des Kindes. In dieser Vorstellung, die auch die meine ist, „macht" das Kind sich gleichsam „selbst" im Rahmen der ihm zur Verfügung stehenden Möglichkeiten und Grenzen, es entwickelt seine Persönlichkeit selbst.

Die Notwendigkeit des menschlichen Lernens ist jedenfalls nicht strittig. Was dabei des Kindes individuelles „Wesen" ist, das sich unbeeindruckt von den ihm entgegentretenden Reizen und Anforderungen durchsetzt, und was gerade *Ergebnis* der Umwelteindrücke, also auch des pädagogischen Handelns ist, ist unentscheidbar. Ob eine „gelungene Sozialisation" — was immer das heißen mag — trotz oder wegen einer „guten Erziehung" zustande gekommen ist, steht in jedem Einzelfall dahin. Der Begriff des Lernens hat also den Vorteil der pragmatischen Anschaulichkeit, er erkennt den Lernenden als *Subjekt* seines Lebens an, und er ist, was die Inhalte angeht, zunächst einmal wenig festgelegt.

Wir lernen von der Geburt bis zum Tode, aber das meiste lernen wir nicht von professionellen Pädagogen, sondern durch die Teilnahme am familiären und außerfamiliären Leben, also durch „Sozialisation".

Nun gibt es allerdings auch andere Berufe, die für sich in Anspruch nehmen, daß sie Menschen Lernen ermöglichen. Wahrscheinlich ließe sich das von allen unmittelbar auf den Menschen bezogenen Berufen sagen: Der Richter hofft, daß der Verurteilte aus seiner Straftat und deren Folgen „seine Lehren zieht", der Arzt, daß der Patient etwa seine der Gesundheit schädliche Lebensweise zu ändern lernt. Mehr noch: Lernen ist eine alltägliche Dimension unseres Lebens, wir lernen unentwegt von anderen, — von manchen Menschen, die gar keine Pädagogen sind, möglicherweise mehr und Wichtigeres, als von unseren Lehrern. Diese Beispiel zeigen nur, daß das Pädagogische kein besonderer Lebensbereich ist, kein Gegenstand, der nur Pädagogen zugänglich wäre, sondern eine Implikation unseres Lebenszusammenhangs überhaupt. Pädagogische Probleme und Fragestellungen sind immer nur *Sonderfälle* allgemeiner menschlicher Probleme.

Im Prinzip also kann pädagogisches Handeln sich auf alle möglichen Lerninhalte richten, wenn der Pädagoge davon genügend versteht. Trotzdem ist es zweckmäßig, gewisse Lernhelfertätigkeiten von vornherein hier auszuschließen, weil dafür besondere Qualifikationen nötig sind, die ein Pädagoge natürlich auch als zusätzliche erwerben kann, die aber im allgemeinen nicht von ihm zu erwarten sind. Ich denke hier vor allem an tiefenpsychologische Verfahren der Lernhilfe, die darauf beruhen, daß der Patient bzw. Klient durch Aufdeckung seines Unbewußten, der dorthin verdrängten Probleme und Widersprüche, seine Schwierigkeiten zu bearbeiten und möglichst auch zu lösen lernt. Für eine solche Art von *Therapie* ist zweifellos eine besondere Fachkenntnis erforderlich, die mit der pädagogischen Ausbildung nicht einfach mitgeliefert werden kann. Das bedeutet: Pädagogische Lernhilfen müssen sich begrenzen auf das, was oberhalb des Unbewußten machbar und bewegbar ist. Mit anderen Worten: Pädagogisches Handeln kommt dort an seine Grenze, wo Lernprozesse nicht mehr der rationalen Aufklärung zugänglich sind, wo sie nicht mehr argumentativ ins Bewußtsein genommen werden können, wo das Gesagte nicht mehr das Gemeinte ist. Pädagogisches Handeln ist also nur dort möglich, wo der wechselseitig verstehbare Austausch von sprachlich erschlossenen Erfahrungen möglich ist. Das allerdings ist der Normalfall im privaten wie gesellschaftlichen Leben.

Daraus folgt, daß pädagogisch inszeniertes Lernen im Kern immer nur kognitives, über Verstand, Denken und Bewußtsein laufendes Lernen sein kann. Das gilt auch dort, wo es um soziale und emotionale Lernziele geht. Ein Pädagoge kann niemandem beibringen, welche Gefühle er in bestimmten Situationen haben soll oder kann, er kann nur einen rationalen Diskurs über Gefühle arrangieren, damit die Partner lernen können, „über den Kopf" Gefühle zu erkennen und entsprechend mit ihnen umzugehen, sie gegebenenfalls auch zu disziplinieren. Er kann sich überhaupt nur auf äußerlich erkennbare, im offensichtlichen Verhalten sich ausdrückende Gefühle einlassen. Er kann Emotionen *aufklären* helfen, aber wenn er versucht, auf Emotionen ebenfalls emotional zu reagieren, in der Hoffnung, dadurch bestimmte emotionale Lernziele bei seinen Partnern auszulösen, dann klärt er nicht auf, sondern manipuliert (auf Gefühle mit eigenen Gefühlen zu reagieren ist zum Beispiel das Recht der Liebenden, aber nicht der pädagogischen Profession).

Die Forderung, Emotionales nicht emotional zu intendieren, schließt natürlich nicht aus, daß zumal in Grenzfällen — z.B. angesichts eines als unverschämt erlebten Verhaltens von Schülern — nicht auch emotional reagiert werden dürfte. Aber das ist eine andere Frage, die uns noch im 5. Kapitel beschäftigen wird.

Auch „soziales Lernen" ist nur in dieser Weise der rationalen Aufklärung möglich: Offensichtlich erkennbares Sozialverhalten wird thematisiert, — gegebenenfalls mit der Bitte um Korrektur.

Der unbedingte Vorrang der rationalen Argumentation muß deshalb heute betont werden, weil vielfach unklar geworden ist, was unter emotionalem und sozialem Lernen in pädagogischen Institutionen ernsthaft verstanden werden kann. Es kann und darf sich dabei nicht um Lernziele handeln, die gleichsam *anstatt* oder *neben* kognitiven Einsichten anzustreben seien. Dies wäre Aufgabe *therapeutischer* Verfahren, die dafür eines spezifischen Arrangements bedürfen und einem besonderen beruflichen Ethos unterliegen. In pädagogischen Einrichtungen können solche Lernziele immer nur in dem Umfang angestrebt werden, wie sie im jeweiligen *sozialen Kontext* der pädagogischen Institution auch *gebraucht* und deshalb realisiert werden können. Sie betreffen die Regeln des sozialen Zusammenlebens einerseits und die von der gemeinsamen Sache ausgehende Disziplinierung andererseits; mehr ist nicht möglich ohne die Grenzen *pädagogischer* Professionalität zu überschreiten.

Eine weitere Einschränkung ist nötig, und zwar hinsichtlich der *angewandten Mittel*. Man kann ja Lernen auch dadurch ermöglichen bzw. erzwingen, daß man Menschen in Umerziehungslager steckt (auch in Konzentrationslagern wurde gelernt!) oder sie einer Gehirnwäsche unterzieht, oder sie sonstwie in würdelose und unmenschliche Situationen versetzt. Krieg und Not gelten vielfach auch als „Lehrmeister". In Abgrenzung zu solchen Beispielen ist pädagogisches Handeln gebunden an bestimmte Normen hinsichtlich der Mittel, die angewendet werden dürfen.

Das ergibt sich einfach aus den für unseren Staat gültigen Grundrechten und aus den diesen entsprechenden Rechtsbestimmungen, so daß diese Frage aus der Perspektive des Handelns nicht weiter pädagogisch problematisiert werden muß. Allerdings wird hier deutlich — wenn man etwa an die Zeit des Nationalsozialismus denkt — daß die öffentliche pädagogische Moral sich nicht aus eigener Kraft durchsetzen kann, sondern des Schutzes der politischen Macht bedarf.

Politisch ausgedrückt bedeutet dies: Alles Lernen in öffentlichen pädagogischen Einrichtungen dient dem Ziel, dem Menschen zur Mündigkeit zu verhelfen, zur selbständigen Wahrnehmung seiner Rechte und Pflichten. Zu diesen Rechten gehört aber auch das Grundrecht auf freie Entfaltung der Persönlichkeit, also auch das Recht auf

Lernen zum Zwecke der Entwicklung der Persönlichkeit über die Pflichten hinaus (wenn man so will: Das Recht auf „Lernen als Luxus"). „Mündigkeit" ist jedoch kein Ziel, das pädagogisch unmittelbar abgestrebt werden könnte. Jeder kann sich nur selbst mündig machen, alle Lernangebote können dafür nur eine Dienstleistung z.B. an Aufklärung sein.

Auf den ersten Blick scheint eine weitere Einschränkung nötig zu sein: Kommt es nicht auch darauf an, daß etwas im moralischen Sinne „Richtiges" und nicht etwas „Falsches" gelernt wird? Diese Rückfrage wäre zwar im Prinzip richtig – schließlich gibt es Subkulturen, auch familiäre, in denen kriminelles Handeln gelernt wird – stellt sich aber für öffentliches, professionelles pädagogisches Handeln in einer demokratisch verfaßten Gesellschaft kaum. Vielmehr stellt sich das Problem anders, nämlich im Sinne einer Unverfügbarkeit des Ergebnisses des pädagogischen Handelns. *Alle* Kenntnisse, Fähigkeiten und Fertigkeiten, die durch pädagogisches Handeln gelernt werden, können auch zu unmoralischen oder gesetzwidrigen Zwecken verwendet werden. Darüber kann das pädagogische Handeln nicht verfügen und insoweit auch dafür keine Verantwortung übernehmen. Dieselben Kenntnisse, mit denen ein Banktresor konstruiert wird, sind nötig, um ihn zu „knacken", und die Terroristen haben die gleichen Schulen besucht wie die, die sie verfolgen. „Aufklärung" im Sinne Kants und „Mündigkeit" im Sinne des selbstverantwortlichen Handelns sind allein noch keine Garantie für spätere Tugend, nicht einmal für legales Verhalten.

Halten wir fest: Pädagogisches Handeln hat zum Ziel, Menschen Lernen zu ermöglichen; dabei sind nur solche Lernziele möglich, die dem Bewußtsein und damit dem argumentativen Austausch zugänglich sind. Die dabei anzuwendenden Mittel dürfen den Menschen nicht zum Mittel für andere Zwecke machen, es sei denn, man stellt diese Zwecke der freien Entscheidung des Menschen zur Disposition. So darf man ihn selbstverständlich „werben" für politische oder weltanschauliche Positionen und daraus resultierende Handlungen. Pädagogen, die im Rahmen einer Kirche, einer Gewerkschaft oder einer politischen Partei tätig sind, tun das auch.

29

In einer demokratischen Gesellschaft darf das öffentliche Lernangebot auch nicht ungebührlich *beschränkt* werden. Eine wesentliche Legitimation unseres Bildungswesens — vom Kindergarten bis zur Universität — ist, daß sie *jedem* (jungen) Menschen — seiner Begabung und seinem Willen entsprechend — für die optimale Entwicklung seiner Fähigkeiten zu Verfügung steht („Bildung als Bürgerrecht"). Alle anderen Begründungen würden auf die Privilegierung bestimmter sozialer Gruppen und Schichten hinauslaufen und müßten über kurz oder lang politisch umstritten werden. Im Grundgesetz ist dieser Anspruch verankert als Recht der freien Berufswahl, für die Ergreifung eines bestimmten Berufes können allerdings bestimmte Qualifikationen vorgeschrieben werden. Eine Berufslenkung durch den Staat darf jedoch damit nicht verbunden werden, wie das BVG in seinem „Numerus-Clausus-Urteil" von 1972 dargelegt hat. Der Staat darf also nicht mit der Begründung, die angestrebten Qualifikationen würden später nicht gebraucht, den Bildungswillen junger Menschen beschränken.

Dieser Gedanke ist in der traditionellen Idee der „Bildung" bereits enthalten. Der Mensch soll demnach die Gelegenheit erhalten, möglichst viele seiner Fähigkeiten in Lernprozessen zu entfalten, nicht zum Beispiel nur die, die ihn als Arbeitnehmer optimal verwertbar machen, sondern auch alle wichtigen anderen, die ihm die volle Entfaltung seines Menschseins ermöglichen. Mit dieser *regulativen Idee* stoßen wir allerdings schnell an die Grenze unseres Themas, wenn wir den Standpunkt des pädagogisch Handelnden nicht verlassen wollen; der nämlich wird in seiner konkreten Situation derartig umfassende, den Partner als ganzen Menschen sehende Überlegungen nicht anstellen können. Er hat im Unterricht seine Schulklasse vor sich und muß sie in Mathematik unterrichten; oder er organisiert im Ferienlager einen Spielabend. In beiden Fällen stellt er normalerweise keine grundsätzlichen bildungstheoretischen Überlegungen an. Diese sind in der unmittelbaren Handlungssituation weniger am Platz als vielmehr im Rahmen bildungspolitischer Überlegungen: zum Beispiel welche Fächer sollen warum in die Schule oder: was wäre alles nötig, um in einem Jugendgefängnis eine optimale Resozialisation zu ermöglichen?

Pädagogisches Handeln erfolgt dagegen in einer Situation sozialer Unmittelbarkeit und bleibt ihr auch weitgehend verhaftet. Dabei geht es nicht um die Planung von „Bildungsgeschichten", sondern um jeweils unmittelbare Interventionen in die vorliegende Lebensgeschichte der Partner. Schon aus diesem Grunde läßt sich die Bildungsgeschichte eines Menschen nicht planen, obwohl wir zum Beispiel als Eltern dazu neigen, uns ein Idealbild von unseren Kindern zu entwerfen, wie sie einmal sein sollen, wenn sie erwachsen sind. Wenn wir aber versuchen, das Kind entsprechend diesem Bilde zu formen, dann handeln wir nicht nur moralisch falsch, insofern wir das Recht des Kindes auf die Herausarbeitung seiner eigenen Persönlichkeit mißachten, sondern auch illusionär, weil die Kontinuität seiner Bildungsgeschichte nur das Kind selbst stiften kann, niemals irgendjemand von außen. Alles, was wir an das Kind als Lernangebot herantragen, wird von ihm auf seine eigentümliche Weise in seine Erfahrung integriert. Wenn Lernen ermöglichen das Ziel pädagogischen Handelns ist, dann folgt daraus seine *Partikularität*. Es sieht den Menschen partikular, d.h. nur insofern, als er ein lernendes Wesen ist; andere Aspekte des Menschseins bleiben aus dem Blick.

Das ändert natürlich nichts an der Tatsache, daß sich beim pädagogischen Handeln wie bei jedem *unmittelbar* sozialen Handeln die Menschen in ihrer ganzen Persönlichkeit begegnen, und nicht nur unter irgendwelchen partikularen Aspekten. Darauf müssen wir später eingehen, wenn von der „pädagogischen Beziehung" die Rede ist. Hier kommt es zunächst darauf an, den Begriff des pädagogischen Handelns zu präzisieren.

Es erfaßt auch *Situationen* nur partikular, insofern in ihnen Lernen möglich ist. Keine soziale Situation aber, auch nicht die zu diesem Zweck arrangierte wie in der Schule, ist ausschließlich durch Lernen zu beschreiben. Lernen ist sozusagen immer nur *ein* Aspekt von Leben. Daraus folgt, daß es keine Situationen gibt, die nur pädagogische wären, weder Familie, noch Schule noch Erziehungsheim noch Ferienlager sind ausschließlich oder vielleicht nicht einmal überwiegend pädagogische Situationen. Wäre dies anders, dann wäre eine ungeheure Verarmung der

menschlichen Erlebnis-, Erfahrungs- und Verhaltensmöglichkeiten die Folge. Die Mehrdimensionalität und
Widersprüchlichkeit des Handelns in sogenannten pädagogischen Situationen ist gerade eine der wichtigsten Bedingungen für die Möglichkeit von Bildung und Lernen.
Eine ausschließlich pädagogische Situation wäre eine totale Situation, — wie das Gefängnis und das Irrenhaus. Es
geht also an der Sache vorbei, wenn man die Ausschließ-
lichkeit pädagogischer Intentionen und Handlungen in
pädagogischen Situationen beansprucht. Es gibt in diesem
Sinne keine pädagogischen Situationen, es gibt nur Situationen, in denen pädagogisches Handeln möglich ist.

Wenn es zutrifft, daß die jeweilige soziale Handlungsform
— politisches, ökonomisches, administratives, medizinisches, pädagogisches Handeln — zur partikularen Sicht
des Menschen und seiner Verhältnisse zwingt — das
„Ganze" kann man nur insofern denken und sich vorstellen, als man nicht handeln muß — dann folgt daraus die
Notwendigkeit, die jeweilige Sicht der Dinge nicht zu
überschätzen, sondern ihre Relativierung zuzulassen. Jedes soziale Handeln, auch das pädagogische, ist ein *Ein-
griff* in einen komplexen sozialen Lebenszusammenhang,
der nicht durch solche Handlungsakte konstituiert wird,
der ihnen vielmehr vorgegeben ist. Pädagogisches Handeln erschafft die Menschen nicht, gibt ihnen nicht ihre
Persönlichkeit, es interveniert nur, begleitet die Menschen in ihrem Leben.

Man kann es auch so formulieren: Unsere Ausgangsdefi-
nition, daß Lernen ermöglichen das Ziel professionellen
pädagogischen Handelns sei, bestimmt den Partner nicht
als *Objekt* pädagogischer Bemühungen — gar noch mit
normativen Ansprüchen — sondern als *Subjekt* seines Lebens, seiner *Bildung* und seiner Persönlichkeitsenfaltung.

Dies ist eine ganz entscheidende Blickwendung für das
Selbstverständnis der pädagogischen Profession. Hier
werden nämlich Maximen, die für die Lernarbeit mit Erwachsenen immer schon gegolten haben, auf den öffentlichen pädagogischen Umgang mit Kindern und Jugendlichen übertragen. Sieht man sich zum Beispiel die Entwicklung der letzten Jahrzehnte in unseren Schulen an,

dann fällt auf, daß sich der Akzent immer mehr von den *objektiven Ansprüchen,* die etwa durch normative Selbstverständlichkeiten bzw. durch eine allgemein anerkannte Bildungstheorie geprägt waren, zur *Subjektivität des Kindes* verschoben haben. Es geht zunehmend um die Förderung der jeweils individuellen Fähigkeiten. Dem widerspricht nicht, daß die Schule sachlich begründete Anforderungen weiterhin zu stellen hat; denn Subjektivität erwächst nicht aus der Innerlichkeit der Seele, sondern in Auseinandersetzung mit außersubjektiven Ansprüchen. Ebensowenig widerspricht dieser Maxime, daß in der Schulklasse allen die gleichen Lernanforderungen abverlangt werden, an denen die Einzelnen ihre Fähigkeiten entfalten sollen; denn die je subjektive Aneignung der Welt bleibt davon unberührt. Bedeutsam ist vielmehr, daß der *Sinn* dieser je subjektiven Aneignung nicht mehr unter dem erzieherischen Anspruch auf die Persönlichkeit im ganzen normiert werden kann, obwohl dies immer noch vielerorts versucht wird. Professionelle Zuwendung zeigt sich jedoch in der *Begrenzung* des Anspruchs, wobei durchaus die Hoffnung mitschwingen kann, daß diese begrenzte Intervention ein Beitrag zur Personwerdung des Kindes werden wird. Aber sicher ist das im Einzelfalle nicht. Die pädagogische Wendung zum lernenden *Subjekt* ist in der Praxis schon weitgehend vollzogen, weniger offensichtlich in der pädagogischen Theorie.

Ähnlich ist die Entwicklung in der Jugendarbeit. Noch bis in die 60er Jahre war sie weitgehend geprägt von einem allgemeinen Anspruch, der sich im Begriff des „Jugendgemäßen" zusammenfassen läßt, der zu Beginn dieses Jahrhunderts eine bürgerlich-kleinbürgerliche Vorstellung über das „richtige" Jugendleben (keusch; naturnah; kleingruppenorientiert) zur allgemeinen Norm erhoben hatte, die auch als wichtiger Maßstab für die öffentliche Förderung galt. Davon ist nicht viel geblieben; nicht einmal die großen Jugendverbände z.B. der Kirchen machen je für sich derart generelle Ansinnen an ihre Mitglieder mehr geltend. Im pädagogischen Programm ist vielmehr alles möglich, was sich innerhalb der Legalität bewegt, und das gilt für die Arbeit mit den Erwachsenen ebenso. Am radikalsten hat sich die Wendung zum Subjekt in der Sozialpädagogik vollzogen. Schon der Grundtenor des neuen Kinder- und Jugendhilfegesetzes (KJHG) im Unterschied zum alten JWG macht das deutlich, insofern alle intervenierenden und korrigierenden Maßnahmen möglichst auf Verständigung nicht nur mit den Eltern, sondern auch mit den betroffenen Kindern und Jugendlichen gegründet sein sollen. Aber auch die pädagogische Praxis hat weitgehend davon Abstand genommen, die Partner als *Objekte* von Maßnahmen zu verstehen, und setzt stattdessen auf begrenzte Interventionen mit begrenzten Lernzielen, weil anders die Mitarbeit der meisten Partner gar nicht zu gewinnen wäre.

Aus all dem folgt, – und das schwingt in der Vorstellung vom „Lernhelfer" mit – daß die pädagogische Profession sich nicht mehr auf eine spezifische Normativität gründen kann, etwa in der Weise, daß der Pädagoge weiß, was für Kinder „gut" ist und mit diesem Anspruch ihnen gegenüber tritt. Was „gut" ist im Alltagsleben – und mit dem und mit nichts anderem hat pädagogisches Handeln ja zu tun – unterliegt unterschiedlichen, eben pluralistischen Deutungen, und der Berufspädagoge hat keinerlei Legitimation, von sich aus *eindeutig* zu machen, was in der Gesellschaft *mehrdeutig* sein darf.

Damit ist ein Problem erwähnt, das ich hier nicht ausführlich behandeln kann: Widerspricht es der pädagogischen Professionalität, *überhaupt* Normen geltend zu machen? Davon kann keine Rede sein. Zum Aufwachsen von Kindern gehört selbstverständlich auch die Konfrontation mit Normen. Aber diesseits der Strafgesetze haben Normen auch nur eine jeweils *partikulare* Bedeutung erhalten. Der Lehrer in der Schule z.B. kann nur diejenigen Normen geltend machen, die – abgesehen von gesetzlichen Vorgaben – im Zweck der Institution Schule begründet liegen, jene Normen nämlich, die für das Abhalten von Unterricht unerläßlich sind: Toleranz und Disziplin. Die muß er aber auch geltend machen, wobei er nicht weiter darüber verfügen kann, ob und wie diese Werterfahrungen im außerschulischen Leben der Schüler weiterwirken und wie sie mit den an anderen sozialen Orten geltenden Normen zusammenwirken. Normen sind *soziale* Tatbestände, und sie werden nur in dem Maße gültig, wie sie an einem bestimmten sozialen Ort auch eingefordert werden.

Aus der Tatsache, daß pädagogisches Handeln Menschen und Situationen immer nur partikular treffen kann, ergibt sich eine wichtige Schlußfolgerung: Bisher haben wir unterstellt, daß mit „pädagogischem Handeln" die berufliche Tätigkeit des Pädagogen hinreichend beschrieben werden kann. Das ist offensichtlich nicht der Fall. Je nach Situation muß der Pädagoge auch noch andere soziale Handlungsformen beherrschen. In manchen sozialpädagogischen Tätigkeitsbereichen kommt hinzu die Aufgabe des Versorgens, wenn die Partner minderjährig, behindert oder krank sind. Auch in außerschulischen Einrichtungen, zum Beispiel in einem Ferienlager, kann dem Pädagogen die Verantwortung für eine angemessene Versorgung der Minderjährigen obliegen, allerdings können hier die Aufgaben des Versorgens und der pädagogischen Betreuung auch getrennter Verantwortung unterliegen.

Abgesehen von diesen Sonderfällen muß jeder beruflich tätige Pädagoge auch andere soziale Handlungsformen *mit deren je eigentümlichen Zielsetzungen* beherrschen, nämlich zumindest die folgenden:

1. *Politisches Handeln,* das zum Ziele hat, Macht zu erobern oder zu behaupten, um damit bestimmte *Ordnungen* für das Zusammenleben der Menschen zu errichten bzw. aufrechtzuerhalten.
2. *Administratives Handeln,* das zum Ziele hat, vorgegebene allgemeine Normen oder Verfahrensweisen auf Einzelfälle anzuwenden, um dadurch das Einzelne, Einmalige, Individuelle als mit anderen Einzelnen usw. *gleich* zu definieren und zu behandeln.
3. *Ökonomisches Handeln,* dessen Ziel der geringste mögliche Aufwand (Kosten) für die Lösung eines sozialen Problems (z.B. der Unterrichtung von Kindern) ist.
4. *Medizinisches Handeln,* das zum Ziele hat, Krankheiten zu erkennen und zu heilen.

Politisches Handeln gibt es nämlich nicht nur in Parlamenten, sondern auch in Schulklassen, zum Beispiel wenn der Lehrer seine ihm verliehene Macht anwendet, um in der Klasse eine bestimmte Ordnung durchzusetzen; oder wenn der Leiter eines Zeltlagers „durchgreift", um zum Beispiel Schwächere vor den Attacken Stärkerer zu schützen, oder wenn ein Sozialpädagoge in einem Freizeitheim jemanden hinauswirft, der mit Rauschgift handeln will.

Dem gegenwärtigen pädagogischen Zeitgeist ist diese Argumentation einigermaßen fremd. Sind die Zeiten nicht vorbei, wo man in pädagogischen Feldern „Macht" anwendet? Muß man nicht vielmehr auf den Dialog setzen und auf den Versuch zu überzeugen? Selbstverständlich sollte dies immer der erste Schritt sein. Aber man würde die politische Bedingtheit aller pädagogischen Felder verkennen, wenn man glaubte, sie könnten letzten Endes machtlos bleiben. Es gibt keine machtlosen sozialen Situationen, die Frage ist nur, *welche* Macht und *wessen* Macht sich mit *welcher* Legitimation dort jeweils etabliert.

Allerdings darf angesichts des obersten Leitzieles der „Mündigkeit" das politische Handeln, also die Anwendung von Macht nur insoweit erfolgen, als es um die Herstellung bzw. Wiederherstellung der Grundvoraussetzungen für das Zusammenleben bzw. für die Ermöglichung des Lernzweckes geht. Der Unterricht in der Schule zum Beispiel setzt ein Mindestmaß an Disziplin voraus; in einem Ferienlager müssen zum Beispiel die Vorschriften des Jugendschutzes und der Aufsichtspflicht zur Geltung gebracht werden, und in einem Freizeitheim dürfen keine gesetzwidrigen Handlungen (z.B. Verkauf von Drogen) geduldet werden.

Aber diese Macht darf nicht im Rahmen des pädagogischen Handelns selbst eingesetzt werden, zur Erzwingung eines bestimmten pädagogischen Zieles. Dies widerspräche dem obersten pädagogischen Leitziel der Mündigkeit, das ja letzten Endes durch pädagogisches Handeln erreicht bzw. ermöglicht werden soll. Es ist also wichtig, beide Handlungsformen in ihrer jeweiligen Bedeutung auseinanderzuhalten und dies auch den Partnern zu erklären. Das politische Handeln des Pädagogen, von dem hier die Rede ist, darf nicht verwechselt werden mit demjenigen, das er als Bürger ohnehin in Anspruch nehmen kann, insofern er sich im Rahmen der gesetzlichen Bestimmungen für politische Ziele engagiert und in politischen Organisationen tätig wird. Als Pädagoge handelt und übt er

Macht aus im Auftrag seines Dienstherrn bzw. seines Trägers, also in einem *exekutiven* Sinne, und nur in dieser Begrenzung ist er von berufswegen Teil des politisch-gesellschaftlichen Systems.

Medizinisches Handeln gibt es nicht nur in Kliniken, sondern zum Beispiel auch in einem Ferienlager, wenn ein fiebriges Kind ins Bett gesteckt oder nach einem Unfall „erste Hilfe" geleistet wird. Im allgemeinen beschränkt es sich allerdings darauf, in Krankheitsfällen einen Arzt zu Rate zu ziehen.

Medizinisches Handeln hat zum Ziel, die Gesundheit der Partner zu erhalten bzw. wieder herzustellen. Es kommt nicht selten vor, daß ein Pädagoge aus medizinischen Gründen Minderjährigen etwas untersagen bzw. Erwachsenen von einer möglichen körperlichen Überforderung abraten muß.

Administratives Handeln gibt es nicht nur in der Schulverwaltung, sondern auch im Unterricht, insofern der Lehrer zum Beispiel die je individuelle Lernfähigkeit und Lernbereitschaft der vorgegebenen Notenskala unterwirft. Sieht man administratives Handeln positiv, so erwächst es u.a. aus dem Prinzip der *Gleichbehandlung,* — vor allem insoweit dabei rechtliche Konsequenzen mit im Spiel sind. Dies ist bei den Schulnoten offensichtlich, denn die Schulabschlüsse sind mit Berechtigungen verbunden, die wiederum den Zugang zu beruflichen Positionen eröffnen. Im außerschulischen Bereich gibt es derartige Konsequenzen nicht, aber das Prinzip der Gleichbehandlung spielt hier durchaus ebenfalls eine Rolle. So müssen in einem Ferienlager die Regeln des Zusammenlebens, die „Hausordnung" oder „Lagerordnung" für *alle* gelten, sonst setzen sich Privilegien durch, die von den anderen Teilnehmern sofort als „ungerecht" empfunden würden. Ein Konflikt mit dem pädagogischen Handeln kann darin liegen, daß dieses ja gerade die *Individualität* des anderen im Auge hat und nicht das, was *für alle* gelten soll.

Ökonomisches Handeln gibt es nicht nur in Industriebetrieben, sondern auch in einer Kinderfreizeit oder in einem Schullandheim, wo mit dem vorhandenen Etat auszukommen ist. Manches muß unterbleiben, weil es nicht

bezahlbar ist, anderes muß deswegen zumindest eingeschränkt werden. Im außerschulischen Bereich können
ökonomische Gesichtspunkte eine große Bedeutung erlangen. Manche Jugendbildungsstätten zum Beipiel sind
zwar subventioniert, müssen aber gleichwohl wie ein Un-
ternehmen zusehen, daß sie ihren Haushalt ausgleichen,
daß sie zum Beispiel genügend Teilnehmer bzw. Gäste
finden. Dies kann zu einem „marktgerechten" Verhalten
führen: man verzichtet zum Beispiel auf Einzelgäste, die
an einem bestimmten Thema interessiert sein könnten,
und versucht, ganze Gruppen (z.B. Schulklassen) zu gewinnen, — nicht aus pädagogischen Überlegungen, sondern weil es ökonomisch so einfacher und risikoloser ist.
Die Subventionen andererseits sind zweckgebunden, das
heißt nicht alles, was pädagogisch wünschbar wäre, kann
auch finanziert und somit realisiert werden. In Zeiten lee-
rer öffentlicher Kassen wie gegenwärtig bekommt die
ökonomische Handlungsintention neues Gewicht. Sollten die Vorstellungen über eine stärkere „Autonomie" der
einzelnen Schule, wie sie gegenwärtig diskutiert werden,
verwirklicht werden, würden auch finanzielle Entscheidungen nach unten verlagert, und die Lehrer müßten
möglicherweise sogar Management-Qualitäten entwickeln.

Alle oben erwähnten sozialen Handlungsformen finden
sich heute in mehr oder weniger großem Umfange auch in
pädagogischen Feldern. Es kann also keinen Pädagogen
geben, der nur pädagogisch handelt. Er muß vielmehr je
nach Sachlage und Situation auch andere soziale Handlungsformen beherrschen. Dies ist keineswegs nur ein
Manko, insofern immer die Gefahr besteht, daß das „eigentliche" pädagogische Handeln und seine Ziele überla-
gert wird durch jene anderen Handlungsformen und ihre
Ziele, daß also das Pädagogische aus dem Blick geraten
könnte. Wenn der Pädagoge vielmehr eine ganze Reihe
von sozialen Handlungsformen in seinem Repertoire haben muß, dann erhält er auch die Chance, „den pädagogischen Blick", die damit notwendigerweise gegebene Reduktion und Begrenzung der Wirklichkeitswahrnehmung
zu relativieren. Er wird gleichsam zu ständigem Perspektivenwechsel gezwungen.

Insofern diese nichtpädagogischen Handlungsformen bestimmte Sichten der Wirklichkeit repräsentieren, eröffnen sich auch entsprechende Lernmöglichkeiten: wenn der Lehrer Noten erteilt, kann er an diesem Beispiel Sinn und Zweck von Verwaltungshandeln für unsere gesellschaftliche Existenz deutlich machen. Wenn in einem Ferienlager mit Minderjährigen bestimmte Regeln „mit Macht" durchgesetzt werden, ist auch Gelegenheit, über Sinn und Zweck von Rechtsbestimmungen, zum Beispiel über ihre Ordnungs- und Schutzfunktion nachzudenken, usw. Das eigentliche *pädagogische* Handeln und Denken wird nicht verunreinigt durch die Notwendigkeit, auch andere Formen sozialen Handelns anzuwenden, sondern eher realitätsgerechter.

Daß ein Pädagoge nie nur pädagogisch handeln kann, sondern auch ökonomisch, administrativ und politisch handeln muß, macht seine Tätigkeit prinzipiell widersprüchlich und konflikthaft. In der pädagogischen Gegenwartsliteratur finden sich viele Klagen darüber, daß das „eigentliche" pädagogische Handeln immer wieder verhindert werde zum Beispiel durch administrative Blockierungen. Nun spricht nichts dagegen, hier durch bildungspolitische Aktivität Verbesserungen durchzusetzen. Aber es wäre ganz illusionär zu hoffen, irgendwo in der Gesellschaft ließe sich pädagogisches Handeln „rein" verwirklichen. Denkbar wäre allenfalls, daß die pädagogische Funktion des Lernhelfers personell getrennt würde von den anderen nötigen sozialen Handlungen. (Z.B. daß der Lehrer nur unterrichtet, die Benotung aber von anderen erteilt wird). Aber dies wäre, wenn es sich verwirklichen ließe, keine gute Lösung, weil damit das pädagogische Handeln zu einer gesellschaftlich isolierten Aktivität und damit realitätsfremd und illusionär würde. Allerdings wird der Pädagoge versuchen, die nicht-pädagogischen Handlungsformen so zu realisieren, daß die Perspektive des *pädagogischen* Handelns dominant bleibt. Im Umgang mit Kindern und Jugendlichen ist diese Maxime auch deshalb angebracht und wird auch von der Öffentlichkeit und der Rechtsprechung unterstützt, weil man davon ausgeht, daß diese Personen immer auch noch *lernen* müssen, was die Gesellschaft ihnen abverlangt. Deshalb werden Straftaten von Unmündigen auch anders behandelt als die von Erwachsenen.

Im übrigen ist in anderen Ländern die pädagogische Kompetenz vielfach anders geregelt. In Frankreich z.B. werden Lehrer nur für den Unterricht in ihrem Fach eingestellt. Alle darüber hinausgehenden Tätigkeiten in der Schule, z.B. Verwaltung, Aufsicht, selbst Vertretungsstunden, werden von anderen Personen wahrgenommen; der Schulleiter erteilt — anders als bei uns — auch keinen Unterricht mehr. In diesem Falle kann der Lehrer sich auf eine einzige pädagogische Handlungsform beschränken.

Der Ausdruck „nicht-pädagogische" Handlungsformen könnte zu dem Irrtum verleiten, sie gehörten eigentlich nicht zur pädagogischen Profession dazu, sondern seien ihr „leider" von außen aufgezwungen. Dieser Eindruck könnte auch dadurch verstärkt werden, daß sie in den pädagogischen Ausbildungsstätten mehr oder weniger unerwähnt bleiben.

Die Soziologen haben die pädagogischen Berufe mit dem Bild des „Rollen-Konflikts" zu erklären versucht, als Konflikt einander widersprechender Erwartungen (die Partner erwarten dies, die Eltern etwas anderes, die Administration wieder etwas anderes usw.). Dieses Verständnismodell vermag in der Tat manche wichtigen Aspekte der pädagogischen Berufe zu erklären. So zeigt es die *grundsätzliche* Widersprüchlichkeit und Konflikthaftigkeit dieser professionellen Existenz, die also durch persönliche Fehlverhalten nicht hervorgerufen wird, wohl aber natürlich verschärft werden kann. Auch auf der *Handlungsebene,* der unsere Aufmerksamkeit hier gilt, stellt sich der pädagogische Beruf als *grundsätzlich* in sich widersprüchlich dar, und das Maß der professionellen Kompetenz zeigt sich nicht zuletzt darin, wie man zwischen diesen Handlungsformen eine jeweils befriedigende Balance findet.

Allerdings ist die zu fordernde Professionalität bei diesen nicht-pädagogischen Handlungsformen begrenzt. Die *politische* Kompetenz muß sich lediglich auf die für die jeweilige Institution vorgegebene Regelungen erstrecken, z.B. welche Machtanwendungen erlaubt sind und welche nicht (prügeln z.B. nicht).

Die *administrative* Kompetenz braucht sich ebenfalls nur zu beziehen auf die für die pädagogische Institution gültigen Regeln; allerdings muß die Kenntnis schon soweit gehen, daß man mit diesen Regeln spielen, das heißt sie im Sinne der eigenen Intentionen auch anwenden kann, also nicht nur zu ihrem Objekt wird. Je mehr man diese kritische Fähigkeit entwickelt, um so größer wird der pädagogische Handlungsspielraum.

Die *ökonomische* Kompetenz muß unterschiedlich hoch sein. Da es nicht nur darum geht, mit vorhandenen Mitteln auszukommen, sondern auch darum, Mittel zu *beschaffen* und unter Ausnutzung des Interpretationsspielraums der Verwendungsrichtlinien auch *einzusetzen,* muß im außerschulischen Bereich diese Kompetenz unter Umständen relativ hoch sein.

Die *medizinische* Kompetenz kann im allgemeinen am ehesten laienhaft bleiben, sich beschränken auf „Erste Hilfe" und darauf, gegebenenfalls einen Arzt heranzuziehen. Darüber hinaus müssen jedoch wenigstens allgemeine Vorstellungen darüber vorhanden sein, was man den jeweiligen Partnern (Kindern, Senioren, Behinderten) gesundheitlich zumuten kann. In besonderen Fällen — z.B. Reisen in fremde klimatische Gebiete — kann auch eine gründlichere medizinische Informiertheit nötig sein.

Obwohl diese Kompetenzen notwendigerweise begrenzt bleiben müssen — schließlich fundieren sie andere Berufe — werden sie von den Partnern zurecht erwartet. Um niemanden vom pädagogischen Beruf abzuschrecken sei jedoch darauf verwiesen, daß die wichtigste Kompetenz bleibt, sich rechtzeitig beim Kompetenten kompetent zu machen: sich bei „Profis" zu informieren.

Die Partikularität der pädagogischen Profession betrifft nun auch ihr Verhältnis zur Politik. Grundsätzlich hat natürlich jeder Pädagoge wie jeder andere Staatsbürger auch das Recht, sich politisch zu engagieren und sich dafür entsprechend zu organisieren. Aber von seinem Beruf her hat er zwei *besondere* Zugänge zu politischen Problemen:

1. Mit dem Leitziel der „Mündigkeit" vertritt er kein politisch-praktikulares, sondern ein *gesamtgesellschaftlich* an-

41

erkanntes Postulat. Dies gibt ihm die Legitimation, im Namen dieses Anspruchs diejenigen politischen Verhältnisse und Bedingungen zu kritisieren, die die Realisierung dieses Leitzieles verhindern oder behindern. Dabei wird es im wesentlichen um familienpolitische, jugendpolitische, bildungspolitische und sozialpolitische Dimensionen gehen.

2. Als Fachmann für Lernhilfe kann er beurteilen, welche politischen und administrativen Hemmnisse den erforderlichen bzw. erwünschten Lernprozessen im Wege stehen. Das gilt sowohl für die administrative Gängelung der Schule wie vor allem auch für die Lern- bzw. Umlernprozesse im sozialpädagogischen Bereich. Das *pädagogische* Engagement etwa im Hinblick auf soziale „Abweichler" kann nur darauf zielen, daß die jeweiligen Probleme durch *Lernangebote* gelöst werden, nicht durch Bestrafung oder Diskriminierung oder soziale Isolierung. Konzentriert sich die pädagogische Kritik auf diesen professionellen Aspekt, kann sie wirkungsvoller werden, als wenn sie von allgemeinen politischen Positionen ausgeht. *Während* des pädagogischen Handelns jedoch ergibt die politische Kritik keinen Sinn, weil die Lernenden in der Regel nicht warten können oder wollen, bis bessere Bedingungen vorhanden sind, und weil insofern ihnen entsprechende Klagen nicht weiter helfen. Die prinzipiellen Unterschiede dürfen also nicht verwischt werden: Politisches Handeln ist immer gerichtet auf die Veränderung – oder Aufrechterhaltung – bestimmter Lebens*bedingungen;* pädagogisches Handeln dagegen muß diese objektiven gesellschaftlichen Bedingungen als *vorgegeben* betrachten und sich am *aktuellen Befinden* des Partners im Rahmen seiner Lebensverhältnisse orientieren.

Andererseits ist jede professionelle Lernsituation eine *öffentliche* und befindet sich insofern im Kontext gesellschaftlicher Realitäten. Diese Zusammenhänge jeweils *aufzuklären* ist nicht nur legitim, sondern auch erforderlich, aber dies ist politische Bildung, nicht politisches Handeln. Ein Lehrer kann sehr wohl seine Schüler über die administrativen Behinderungen seines Unterrichts informieren und ein Sozialarbeiter einen Drogenabhängigen darüber, daß er die gegenwärtige Alternative für ihn, entweder Knast oder Therapie, selbst nicht für gut hält.

Allerdings *handelt* ein Pädagoge *nicht unentwegt.* Das ist vielmehr nur die eine Seite seines Berufes. Die andere Seite ist die *Reflexion dieses Handelns.* Fehlt diese Seite, so würde die Partikularität des pädagogischen Blickes immer bornierter. Phasen des Handelns müssen mit Phasen der Reflexion abwechseln, und das geschieht in vielfacher Weise, zum Beispiel wenn ein neues Projekt vorbereitet wird. Während des Handelns ist die Perspektive partikular nicht nur in dem Sinne, daß Menschen und Situationen nur selektiv wahrgenommen werden, sondern auch in dem weiteren Sinne, daß das Verständnis von Mensch und Welt überhaupt begrenzt bleibt. Die Partikularität wird als solche nicht mehr wahrgenommen, sondern für das Ganze gehalten. Das ergibt dann die vielzitierte „professionelle Deformation". Phasen der Reflexion bedürfen also der *Distanz* zum Handlungsraum, *im* Handlungsraum sind immer nur begrenzte, auf den nächsten Tag orientierte Reflexionen möglich, — zum Beispiel in Mitarbeiterbesprechungen während eines Projektes.

Zunächst einmal geht es darum, beim Handeln gewonnene Erfahrungen ins Bewußtsein zu nehmen und in das eigene Repertoire der Erfahrungen hereinzuholen. Auch der Pädagoge hat ja so etwas wie eine Bildungsgeschichte, das heißt er führt ein Leben, dessen Ablauf ihm kontinuierlich und sinnvoll erscheint. Er macht immer wieder neue Erfahrungen — keineswegs nur beruflicher Art, und diese Erfahrungen gehen ein in sein Repertoire, also in den Fundus des Bewußtseins, der jederzeit abgerufen und aktualisiert werden kann. Wird beim Handeln *standpunktbezogen* gedacht, so muß die Reflexion *systematisch* erfolgen, also unter Verzicht auf den Gesichtspunkt der unmittelbaren Brauchbarkeit. Erfahrungen mit aggressiven Kindern zum Beispiel werden in der Reflexion zu einer „Theorie der Aggressivität" oder „Theorie des Kindes" oder „Theorie der kindlichen Bedürfnisse" usw. Dieser Wechselprozeß zwischen Handeln einerseits und dem Repertoire, aus dem das Handeln seine Inhalte bekommt, andererseits, ist offensichtlich um so produktiver, je substantieller das Repertoire sich erweitern und differenzieren kann. Da andererseits aber Pädagogik kein isoliertes gesellschaftliches Phänomen ist, sondern schon über die

43

daran beteiligten Menschen hineinwirkt in alle kulturellen Bereiche, ist praktisch jede kulturelle Teilnahme und Tätigkeit des Pädagogen auch ein Stück Reflexion über seinen Beruf – falls er nicht selbst in seinem Bewußtsein eine künstliche Trennung dieser Bereiche einführt. Reflektieren heißt also grundsätzlich, die eigene Lebensgeschichte weiterhin als eine Bildungsgeschichte anzusehen.

Hier liegt die Bedeutung des systematischen wissenschaftlichen Studierens vor der Berufstätigkeit und der späteren erziehungswissenschaftlichen Fortbildung. Sinn des Studierens ist nicht, „Praxisnähe", also einen Handlungsstandpunkt vorzutäuschen, und Sinn der Weiterbildung ist nicht, die borniert Handlungsperspektive noch zu verstärken, sondern *das Repertoire der systematischen Vorstellungen* – über die Partner, über die gemeinsamen Sachen, über die eigene Funktion – zu erweitern, zu differenzieren, zu korrigieren. So ist auch der Praxisbezug der Erziehungswissenschaft zu verstehen, daß sie nämlich Aufklärung anbietet für dieses Vorstellungs-Repertoire. Daraus ergibt sich folgerichtig eine Kritik an Weiterbildungskonzepten, die allzu „praxisnah" verbleiben. Ein Lehrer zum Beispiel betreibt nicht nur dann Weiterbildung, wenn er sich mit neuen didaktisch-methodischen Ansätzen in seinen Fächern beschäftigt, sondern auch dann, wenn er sich auf grundlegende anthropologische, bildungstheoretische, bildungspolitische, sozialisationstheoretische usw. Überlegungen einläßt. Alles, was ihn selbst „bildet", also der Fortentwicklung seines Welt- und Selbstverständnisses im weitesten Sinne zugute kommt, geht in den systematischen Schatz seiner Erfahrungen ein und steht in irgendeiner Weise seinem Handeln zur Verfügung.

Wir können also zwei Ebenen der Reflexion unterscheiden: im engeren Sinne bleibt sie der Handlungssituation mehr oder weniger eng verhaftet, wenn es etwa um die Vorbereitung eines neuen Projektes geht. Im weiteren Sinne jedoch geht es um die kulturelle Existenz im ganzen. Wie ein Pädagoge mit seiner Familie lebt oder überhaupt in seiner Basissozialität; wie er Glück und Unglück bewältigt; welche kulturellen Interessen er verfolgt, ob und wie er sich politisch engagiert — all dieses geht auf irgendeine Weise in sein Vorstellungsrepertoire ein. Auf diese Weise bleiben seine Professionalität — wie sie sich im Handeln äußert — und sein übriges Leben aufs engste miteinander verbunden.

Zusammenfassung

1. Pädagogisches Handeln ist eine Form des sozialen Handelns, also am Handeln anderer orientiert.

2. Deshalb kann es „richtiges" pädagogisches Handeln nicht geben, sondern nur ein „angemessenes"; es gibt immer mehrere Möglichkeiten vernünftigen Handelns.

3. Oberstes Ziel pädagogischen Handelns ist Lernen ermöglichen, soweit dies im Bewußtsein und im argumentativen Austausch möglich ist.

4. Alles Lernen in öffentlichen Einrichtungen dient dem Ziel, „mündig" zu werden (im Sinne Kant's) beziehungsweise es zu bleiben.

5. Pädagogisches Handeln ist ein Intervenieren in unabhängig davon ablaufende Lebensgeschichten; es konstruiert keine Persönlichkeiten beziehungsweise deren Bildungsgeschichten, sondern ist eine Dienstleistung dafür, damit diese sich durch Lernen entwickeln können.

6. Pädagogisches Handeln sieht Menschen und Situationen partikular; kein Mensch aber ist nur ein lernendes Wesen, keine Situation eine nur pädagogische.

7. Daraus folgt, daß der Berufspädagoge auch noch andere Formen sozialen Handelns beherrschen muß, zum Beispiel politisches, administratives, ökonomisches und medizinisches Handeln.

8. Der notwendige Gegenpol zum Handeln ist die Reflexion dieses Handelns, bzw. überhaupt die systematische Erweiterung des Vorstellungs-Repertoirs. Zu unterscheiden ist eine engere, auf die Handlungssituation relativ nah

bezogene Reflexion, und eine weitere, die im Grunde identisch ist mit der forstschreitenden Bildungsgeschichte des Pädagogen.

2 Der pädagogische Handlungsraum: Situation, Institution, Feld

„Lernen" ist ein Grundthema unseres ganzen Lebens. Von Kindesbeinen an lernen wir einfach dadurch, daß wir leben, daß wir am Leben anderer teilnehmen. Dies wird uns selten bewußt, weil wir gar nicht in der Lage wären, jeden einzelnen Schritt unseres Lebens zu reflektieren. Das meiste lernen wir also — auch als Erwachsene — durch Sozialisation. Aber Lernen im Umgang mit der pädagogischen Profession ist ein Sonderfall, der auf bestimmte *Orte* beschränkt ist. Wenn ich als Pädagogikprofessor in einer Straßenbahn Eltern Ratschläge gebe, wie sie mit einem offensichtlich völlig übermüdeten Kind umgehen sollen, dann handele ich vermutlich anmaßend, aber nicht professionell, denn die Tram ist nicht der *Ort* meiner Profession. Vielmehr sind solche Orte für jedermann erkennbar deutlich festgelegt: Kindergarten, Schule, Hochschule, Beratungsstelle, Jugendhaus usw. Professionelles pädagogisches Handeln findet also im Rahmen bestimmter *Institutionen* statt, in denen es *Lernfelder* gibt, die ihrerseits eine Fülle von *Lernsituationen* enthalten. Von diesem „pädagogischen Handlungsraum" soll nun die Rede sein. Ich beginne dabei mit dem Begriff der „Situation", weil er dem unmittelbaren Handeln am nächsten kommt.

Unter „Situation" verstehe ich dabei die Konstellation derjenigen Bedingungen, die im Augenblick des pädagogischen Handelns gegeben bzw. wirksam sind. Pädagogische Situationen sind ja face-to-face Situationen und pädagogisches Handeln geschieht hier von Angesicht zu Angesicht, Wirkung und Rückwirkung sind unmittelbar erfahrbar.

Der Hinweis auf den face-to-face Charakter pädagogischer Situationen ist deshalb wichtig, weil damit eine Abgrenzung zur Massenkommunikation vorgenommen wird.

47

Wer ein Buch über Pädagogik schreibt oder ein politisches Fernsehmagazin moderiert, handelt nicht pädagogisch, selbst wenn er beides mit didaktischem Geschick tut. Nicht zu bestreiten ist, daß die Medien didaktische Probleme lösen müssen und daß ihren Autoren dies gelegentlich ausgezeichnet gelingt, aber Bücher schreiben und Fernsehen machen schaffen keine pädagogischen Situationen, — was eines der bedeutendsten didaktischen Probleme dieser Medien ist, wenn man etwa an die Anstrengungen denkt, Rückmeldungen zum Beispiel von den Fernsehzuschauern zu erhalten. Pädagogische Situationen kann das Fernsehen nicht durch seine Sendungen herstellen. (Natürlich kann durch eine Fernsehsendung in einer Schulklasse oder in einer Familie eine pädagogische Situation entstehen, insofern diese Sendung planmäßig zum Beispiel für ein bildendes Gespräch benutzt wird; aber dann hat nicht das Fernsehen diese Situation hergestellt, sondern zum Beispiel eine Mutter oder ein Lehrer).

Pädagogische Situationen ändern sich unentwegt, damit aber auch die Chancen für erfolgreiches pädagogisches Handeln. Wir alle erinnern uns an Situationen, die solche besonderen Lernchancen enthielten, an „fruchtbare Momente". Pädagogisches Handeln erfolgt in einer theoretisch unbegrenzten Zahl von stets sich ändernden Situationen. „Pädagogische Situation", das ist die jeweilige Unmittelbarkeit der menschlichen Interaktion, die äußeren Determinanten, die das wechselseitige Handeln tatsächlich mit bestimmen, scheinen aufgehoben, die Beteiligten erscheinen weitgehend frei in ihrem Austausch von Meinungen, Argumenten oder auch Gefühlen.

Pädagogische Situationen sind einmalig und unwiederholbar, wie die Augenblicke des Lebens überhaupt, und deshalb ist pädagogisches Handeln immer wieder schöpferisch und nie einfach die Wiederholung vergangener Handlungen. Weil aber pädagogische Situationen einmalig sind, gibt es dafür auch keine Rezepte, die auf Vorrat für künftige Situationen gesammelt werden könnten. Wissenschaftliches Denken ist aber auf Verallgemeinerung aus und kann insofern konkrete Situationen nicht antizipieren. Ein Spielraum der Unbestimmbarkeit bleibt. Lediglich *vergangene* Situationen — geschichtlicher wie

48

biographischer Art — können prinzipiell rekonstruiert werden.

Eine pädagogische Situation ist prinzipiell offen, das heißt es hängt von den Sequenzen des wechselseitigen Handelns ab, wie sie sich fortentwickelt. Die Offenheit einer jeden pädagogischen Situation hat andererseits etwas Bedrohliches, zumindest Riskantes an sich, eben weil man vorher nicht weiß, „wie die Sache ausgeht". Sie kann z.B. so ausgehen, daß der Lehrer an die Grenze seines Wissens und Könnens kommt und dies eingestehen muß. So finden wir nicht selten Versuche, die Offenheit der Situation durch administratives Handeln, eben durch Standardisieren, durch Subsumieren von Einmaligkeit zugunsten allgemeiner Maßstäbe „in den Griff zu bekommen". Beispiele sind uns alle bekannt: Da stellt ein Schüler eine Frage, die sofort die ganze Klasse interessiert, aber sie würde vom Unterrichtsplan des Lehrers abführen, also verfolgt er die Lernchancen nicht weiter, die in der gestellten Frage vielleicht zum Ausdruck kamen.

Dieses Beispiel darf jedoch nicht falsch interpretiert werden: Würde die Offenheit einer jeden pädagogischen Situation gleichsam „ausgekostet", wäre systematisches Lernen nicht möglich. Die Institutionen und Regeln des gesellschaftlichen Lebens, wozu ja auch pädagogische Institutionen gehören, dienen schließlich dazu, die Offenheit aller möglichen Lebenssituationen für das Handeln aller Beteiligten einzugrenzen und eben dadurch kalkulierbar zu machen. Der Lehrer in unserem Beispiel ist also nicht deshalb zu tadeln, weil er sein Konzept weiter verfolgen will, sondern höchstens deshalb, weil er in diesem Fall vielleicht einen Exkurs hätte erlauben können, um danach wieder zu seinem Unterrichtsplan zurückzukehren.

Manche Pädagogen neigen dazu, in der Faszination der Unmittelbarkeit der Situationen befangen zu bleiben, gleichsam „das Leben auszukosten", das sich dort entwickelt, der Spontanität zu huldigen, die dabei auftauchen kann. Die Unmittelbarkeit des sozialen Miteinanders scheint sich als Selbstszweck zu legitimieren im Sinne einer „pädagogischen Provinz", die durch darüber hinausgehende Perspektiven oder durch äußere Einwirkungen nur gestört werden kann.

Derartige Erwartungen sind jedoch gesellige, die unbestreitbar ihren eigenen Wert haben, und keinem Pädagogen soll es verwehrt sein, gelegentlich auch ein geselliger Mensch zu sein — in einem Schullandheim, auf einer Tagung, im Ferienlager, auf einem Schulfest. Aber die pädagogische Professionalität kann nicht in einer derartigen Unmittelbarkeit fixiert bleiben, weil *planmäßiges* Lernen nicht möglich wäre.

Andererseits wirft dieses Beispiel die Frage auf, wie groß der Handlungsspielraum für die Ausnutzung pädagogischer Situationen eigentlich ist. Wie weit kann der Pädagoge selbst aus eigener Verantwortung entscheiden und wo und wodurch sind ihm Grenzen gesetzt?

Es gibt Lehrer, die am liebsten mit ihren Schülern in der Schule das tun würden, was ihnen gemeinsam gefällt. Solche Möglichkeiten gibt es, aber nicht in der Schule, sondern zum Beispiel in einem Freizeitheim. Offensichtlich gelten für beide Einrichtungen unterschiedliche *institutionelle Vorgaben,* wobei jetzt nicht darüber gestritten werden soll, ob diese Vorgaben nun vernünftig sind oder nicht: Der pädagogisch Handelnde findet sie zunächst einmal so vor.

Institutionen sind also allgemein gesagt gesellschaftliche Einrichtungen, die bis zu einem gewissen Grade menschliches Handeln personenunabhängig und damit auf Dauer gestellt regeln, wobei diese Regelungen teilweise *rechtlich* verankert sind, ihre Nichtbeachtung also Sanktionen nach sich ziehen kann. Damit sind bis zu einem gewissen Grade diese Handlungen der persönlichen Willkür der Beteiligten enthoben. Wer in die Schule geht, erwartet dort Lehrer, die in irgendeiner Weise unterrichten; es würde ihn sehr irritieren, wenn dort eines Tages statt dessen Lebensmittel verkauft würden. Ein Kind, das in ein Ferienlager geht, wäre irritiert, wenn dort vormittags „Schule abgehalten" würde.

Ohne institutionelle Regelungen wäre kontinuierliches, planmäßiges, auf die Zukunft orientiertes Handeln gar nicht möglich, jedes Handeln bliebe gleichsam stecken in unmittelbaren Gruppensituationen, käme nicht vom Fleck, müßte immer wieder von vorn beginnen. Wir könnten keine begrenzten Ziele setzen — z.b. eine Fremdsprache zu lernen — ohne uns jeweils erst mit der totalen Menschlichkeit der anderen Gruppenmitglieder auseinandergesetzt zu haben. Institutionelle Vorgaben haben also für das pädagogische Handeln eine herausragende Bedeutung, und deshalb kann man zwar darüber streiten, wie sinnvoll die je vorhandene Regelung ist, nicht aber darüber, daß überhaupt solche Regelungen nötig sind, denn sonst würden wir gleichsam in undifferenzierter und konfuser Sozialität ersticken.

1. Institutionen *partikularisieren* menschliche Interessen und Motive, das heißt sie lassen aus der Fülle der möglichen — und an und für sich auch berechtigten — an *einem* sozialen Ort nur ganz bestimmte zu. Durch diese Partikularisierung *begrenzen* sie zwar das menschliche Handeln einerseits, *ermöglichen* es aber andererseits auch erst als *langfristiges, planbares* und somit *fortschreitendes.* Der Unterricht ist dafür ein besonders herausragendes Beispiel: Nur weil der *Zweck* der Institution Schule im wesentlichen auf Unterricht begrenzt ist, kann dieser von Tag zu Tag, von Woche zu Woche, von Jahr zu Jahr planmäßig fortschreiten.

Weil in unserem politischen System Institutionen nur *partikulare* Ansprüche an die Bürger stellen können und deren Alltagsleben nicht total reglementieren dürfen, sind sie wichtige Garanten der persönlichen Freiheit. Am deutlichsten kommt dies vielleicht in den rechtsstaatlichen Verfahren und Zuständigkeiten zum Ausdruck: Der Polizist darf verhaften, aber nicht verurteilen, die Gesetze für beides verabschiedet das Parlament. Derartige Selbstbeschränkungen müssen auch für die pädagogischen Institutionen gelten. Keine von ihnen kann mehr einen umfassenden Erziehungsanspruch geltend machen, selbst diejenigen pädagogischen Einrichtungen, die sich mit sozial abweichenden Kindern und Jugendlichen befassen, müssen sich beschränken auf *begrenzte Interventionen,* auf Lernhilfen, die etwa ein bestimmtes, z.B. überdurchschnittlich aggressives Verhalten, korrigieren sollen. Von

51

diesem Konzept ist auch das neue Kinder- und Jugendhilfegesetz (KJHG) durchdrungen.

2. Institutionen erleichtern unser Handeln dadurch, daß sie die ihm zugrundeliegenden Motive und Bedürfnisse auf den jeweils zuständigen sozialen Ort verweisen. Anders ausgedrückt: Institutionelle Handlungsvorgaben ersparen mir, falsche Erwartungen zu hegen. Was zum Beispiel „Schule" ist, ist für die beteiligten Schüler, Eltern und Lehrer zumindest so weit klar, daß sie von vornherein ihre Erwartungen entsprechend organisieren können. Entsteht über den praktischen Zweck einer Institution Unklarheit wie gegenwärtig teilweise über die Aufgaben der Schule — ist sie primär Stätte des Unterrichts oder der Kompensation für familienbedingte Erziehungsmängel? — ist Desorientierung der Erwartungen und des Verhaltens die Folge. Zur institutionellen Arbeitsteilung und Spezialisierung würde z.B. gehören, schul- bzw. unterrichtsunfähige Kinder zunächst einmal im Rahmen der Jugendhilfe behandeln zu lassen.

3. Wegen ihrer Bedeutung für das menschliche Zusammenleben müssen Institutionen und ihre Regeln *geschützt* werden. Das ist in erster Linie Aufgabe der Politik, in zweiter Linie aber auch der Repräsentanten dieser Institutionen. Deswegen sind Lehrer sowohl einzeln als auch als Kollektiv — als Kollegium — verpflichtet, diese Regeln gegenüber sich selbst, der Öffentlichkeit, den Eltern und nicht zuletzt auch den Schülern durchzusetzen. Das gilt zumindest im Hinblick auf die Aufrechterhaltung bzw. Wiederherstellung der für den Schulzweck unerläßlichen Disziplin, und erst recht natürlich für den Schutz der Schüler vor Gewalt, die von anderen Schülern ausgeht. Dies nicht zu sehen verrät ein Mißverständnis der politischen Grundlagen, auf denen jede pädagogische Tätigkeit letztenendes beruht.

In dem Maße, wie sich in den letzten Jahrzehnten das pädagogische Selbstverständnis auf der unmittelbaren Beziehungsebene fundiert hat, sind die institutionellen Dimensionen vielfach nicht nur aus dem Blick geraten, sondern auch als eher lästige Behinderung des pädagogischen Willens empfunden worden.

Pädagogische Institutionen sind niemals *nur* pädagogische Einrichtungen, sie sind vielmehr auch rechtlich
verfaßt und organisatorisch eingeordnet, was schon darauf
hindeutet, daß dort nicht nur pädagogisch gehandelt werden kann. Selbst in eigens zu pädagogischen Zwecken ein-
gerichteten Institutionen wie Schule und Hochschule
können die nichtpädagogischen Handlungsformen so dominant werden, daß sie die pädagogischen gleichsam
überwuchern. Grundsätzlich aber gilt: Zunächst einmal
ermöglichen pädagogische Institutionen pädagogisches
Handeln, indem sie dafür die Mittel, die Gelegenheiten,
den rechtlichen Schutz und das nötige öffentliche Anse-
hen zur Verfügung stellen. Andererseits ermöglichen sie
nur einen Spielraum, der auch begrenzt ist.

Der Handlungsspielraum wird geschaffen und begrenzt
vor allem durch *rechtliche Rahmenbedingungen* und durch
die *Erwartungen des Trägers.*

Alle allgemeingültigen Rechtsgrundsätze — zum Beispiel
die Grundrechte und das Strafrecht — gelten natürlich
auch in pädagogischen Institutionen. Zudem gelten im
Umgang mit Minderjährigen außerhalb der Familie besondere Vorschriften (z.B. Aufsichtspflicht). Hinzu kommen besondere Rechtsverpflichtungen für Pädagogen,
wie sie etwa aus dem Beamtenrecht resultieren. Für pädagogische Institutionen im Freizeitbereich (z.B. Jugendarbeit; Ferienmaßnahmen) sind damit die allgemeinen
rechtlichen Rahmenbedingungen bereits erfaßt, das heißt
unter diesem Aspekt ist der Handlungsspielraum verhältnismäßig groß.

Bei anderen pädagogischen Institutionen wie der Schule
kommen noch solche hinzu, die im Zweck der Institution
begründet liegen. In der Schule zum Beispiel wird vom
Lehrer verlangt, daß er eine bestimmte Zahl von Stunden
unterrichtet, daß er dies zu bestimmten Zeiten tut, daß er
Noten erteilt usw.

Alle diese rechtlichen Rahmenbedingungen sollen uns
hier nicht im einzelnen interessieren, es geht nur um den
allgemeinen Hinweis, daß, wo immer jemand als Pädagoge tätig ist, er solche rechtlichen Vorgaben sich klarma-
chen muß. Dazu gehören im übrigen auch die Vorschrif-

ten für den Einsatz öffentlicher Mittel, die gerade im außerschulischen Bereich dem pädagogischen Handeln ebenfalls Grenzen setzen können.

Jede pädagogische Institution hat einen *Träger*, der im Rahmen der allgemeinen rechtlichen Rahmenbedingungen die Verantwortung für die Institution übernimmt. Träger der Familienerziehung sind von Natur aus und in diesem Sinne vom Grundgesetz ausdrücklich geschützt die Eltern. Schulträger ist im allgemeinen der Staat, es kann sich aber auch um eine Privatschule handeln (z.B. Waldorfschule), die den vom Staat festgesetzten Schulzweck noch einmal modifiziert. In außerschulischen Bildungs- und Erziehungsinstitutionen gibt es eine Fülle verschiedener Träger. Ihre Erwartungen, zum Beispiel religiöser Art, können nicht nur dem pädagogischen Handeln Vorgaben machen (z.B. hinsichtlich dessen, was gelernt werden soll und was nicht), sondern auch für die persönliche Lebensführung (z.B. ein bestimmtes Religionsbekenntnis, nicht geschieden zu sein usw.). Je nachdem also, welche Erwartungen der Träger hat, kann die Offenheit der pädagogischen Situationen mehr oder weniger eingeschränkt sein.

Im außerschulischen Bereich gelten auch arbeitsrechtlich besondere Bestimmungen für die sogenannten „Tendenzbetriebe". Organisationen, die bestimmten partikularen weltanschaulichen oder politischen Positionen verpflichtet sind − z.B. Kirchen, politische Parteien, Gewerkschaften − haben das Recht, von ihren Mitarbeitern auch eine besondere Loyalität zu erwarten. Dieses Recht kann mehr oder weniger großzügig ausgelegt werden, die strengsten Vorschriften für die persönliche Lebensführung finden sich wohl bei Organisationen der katholischen Kirche. Im großen und ganzen aber ist der pädagogische Handlungsspielraum bei den „freien", also nichtstaatlichen Trägern eher größer als bei staatlichen, zum Beispiel kommunalen Einrichtungen. Grundsätzlich dürfte aber verständlich sein, daß zum Beispiel von einem gewerkschaftlichen Bildungssekretär erwartet wird, daß er in seiner Arbeit nicht unentwegt gerade die Position der Arbeitgeber vertritt. Andererseits hat sich aber gerade im außerschulischen Bildungsbereich eine Professionalität durchgesetzt, in der für plumpe Agitation und Indoktrination schon deshalb wenig Platz ist, weil die Teilnehmer an entsprechenden Veranstaltungen ihrerseits auf dem Recht der freien Meinungsäußerung bestehen.

Die mit dem Begriff des „Tendenzbetriebes" gegebenen Einschränkungen der Handlungsfreiheit sind eigentlich nur dann problematisch, wenn — wie gegenwärtig — die Arbeitsmarktlage kaum eine Auswahl unter den Trägern gestattet, die der eigenen Überzeugung entspricht.

Bisher war von den unmittelbaren pädagogischen Situationen einerseits die Rede, wie sie der Handelnde jeweils vorfindet, und von den institutionellen Rahmenbedingungen andererseits, die solche Situationen ermöglichen und begrenzen. Sieht man jedoch genauer hin, dann stellt sich heraus, daß die Institutionen *pädagogische Felder* ermöglichen, in denen es dann eine Fülle pädagogischer Situationen erst geben kann.

Pädagogisches Feld ist derjenige, relativ dauerhafte *soziale Kontext*, in dem sich pädagogisches Handeln in pädagogischen Situationen abspielt. Ein solches Feld ist z.B. die Schulklasse, das Kinderheim, das Zeltlager, das Freizeitheim. Entscheidend ist, daß dieses Feld wechselseitiges, unmittelbares Handeln möglich macht. Ist ein Feld dafür zum Beispiel zu groß, muß es neu aufgeteilt werden. Pädagogisch produktive Felder einzurichten ist eine wichtige pädagogische Handlungsform, — wir werden das später „Arrangieren" nennen.

Abgesehen von einigen Formen des Privatunterrichts (z.B. Klavierunterricht) und den Formen der individuellen Beratung findet pädagogisches Handeln in derartigen relativ kontinuierlichen pädagogischen Feldern statt. Diese Tatsache ist von erheblicher Bedeutung.

a) Im Unterschied zur dualen Beziehung werden in einem pädagogischen Feld die Interaktionen sehr komplex. Hier regieren nicht nur der pädagogische Wille, sondern auch die Intentionen der anderen. Disziplinschwierigkeiten in der Schule sind ein besonders gutes Beispiel dafür. In einer dualen Beziehung wären sie so gar nicht möglich.

b) In pädagogischen Feldern laufen nicht nur irgendwelche Interaktionen ab, sondern auch pädagogisch relevante, die nicht zurückgehen auf Absichten von Erziehern. Ein Schulkind lernt nicht nur etwas von seinem Lehrer, sondern auch von seinen Mitschülern, ein Kind in einem Ferienlager nicht nur von den Erziehern, sondern auch von den anderen Kindern.

c) Auf dieser Ebene wiederholt sich noch einmal ein Tatbestand, den wir schon bei der Erörterung der pädagogischen Situation angesprochen haben: Das pädagogische Feld stellt einen Lebenszusammenhang dar, der keineswegs allein mit pädagogischen Begriffen zu beschreiben ist. Vielmehr wird hier immer auch nach anderen als pädagogischen Maßstäben gehandelt, es gibt also immer auch damit konkurrierende Handlungsabsichten.

d) Der soziale Kontext, wie er in pädagogischen Feldern zu finden ist, ist üblicherweise generationsspezifisch, das heißt es finden sich dort also Kinder oder Jugendliche oder junge Erwachsene (Hochschulen) oder Erwachsene (in Volkshochschulen). Selten, z.B. bei Familienfreizeiten, aber natürlich in der Familie finden sich Mischungen der Generationen. Die Regel ist also, daß in pädagogischen Feldern junge Menschen Erwachsenen gegenüber stehen. Aus dieser Separation bzw. Konfrontation der Generationen folgt eine Beschränkung der Handlungsmöglichkeiten.

Es ist die Frage, ob diese Separation außerhalb der Schule wirklich notwendig ist. Gibt es sie nur deshalb, weil es pädagogische Berufe gibt, die sich auf den Umgang mit Kindern und Jugendlichen spezialisiert und insofern entsprechende pädagogische Institutionen bewirkt haben?

Versuche, in sogenannten „Kulturzentren" eine Mischung der Generationen anzubieten, sind nicht sehr erfolgreich verlaufen, weil auch dort zumindest die Jungen unter sich bleiben wollten.

Eine Mischung der Generationen wäre nur möglich, wenn es dafür eine *gemeinsame Sache* gäbe *und* wenn der Zugang zu dieser Sache einigermaßen *chancengleich* wäre. Da diese Tatsache für jedes pädagogische Handeln von grundlegender Bedeutung ist, sei darüber ein kleiner Exkurs erlaubt.

In der Praxis gibt es nicht nur kaum Mischungen zwischen den Generationen, sondern auch wenig innerhalb der jungen Generation selbst, zum Beispiel zwischen Gymnasiasten und Hauptschülern. In der Schule ist die „Sache" durch Unterricht weitgehend vorgegeben, und die „Chancengleichheit" des Zugangs dazu wird durch Selektion erreicht. Im Prinzip sollen die Schüler einer Klasse wenigstens ungefähr den gleichen Zugang zur gemeinsamen Sache haben, wenn jemand allzu sehr davon abweicht, „bleibt er sitzen". Im außerschulischen Bereich ist das oft anders. Entweder wird hier eine *Sache* angeboten (z.B. ein Seminar), zu der sich dann die Teilnehmer einfinden, oder es wird eine *Gesellung* angeboten (z.B. Jugendhaus; Ferienlager), aus der sich dann die „gemeinsamen Sachen" erst ergeben müssen. Die Bedeutung dieses Unterschiedes wird klar, wenn man sich überlegt, was gleichaltrige Gymnasiasten und Lehrlinge wohl an „chancengleichen" „gemeinsamen Sachen" haben könnten. Bietet man irgendeine Form von verbal orientierter Bildungsarbeit an, so ist anzunehmen, daß die Gymnasiasten den leichteren Zugang dazu haben. Ignorieren sie diesen Vorsprung oder stellen sie ihn zurück, dann verhalten sie sich auf eine problematische Weise „pädagogisch", weil das intellektuelle Übergewicht ja erhalten bleibt. Anders könnte es schon sein, wenn man über eine Sache etwas herstellen will (z.B. eine Fotodokumentation oder eine Wandzeitung), weil dazu nicht nur verbale Fähigkeiten notwendig sind. Historisch gesehen war übrigens über Jahrzehnte das „Jugendgemäße" eine chancengleiche gemeinsame Sache: Sport; Spiel; Wandern; Singen usw.

Zusammenfassung

1. Pädagogisches Handeln findet immer in bestimmten Situationen statt und ist deren Teil; Situationen sind einmalig und unwiederholbar.

2. Öffentliche pädagogische Einrichtungen sind Institutionen, die nicht nur nach pädagogischen Kriterien organisiert sind. Diese Institutionen ermöglichen pädagogische Situationen und begrenzen sie zugleich.

3. Jede pädagogische Institution hat einen (öffentlichen oder privaten) Träger, dessen Erwartungen den pädagogischen Handlungsspielraum mitbestimmen.

4. In der Regel entstehen pädagogische Situationen in einem „pädagogischen Feld" (Schulklasse; Ferienfreizeit), also in einem relativ dauerhaften sozialen Kontext, was einerseits der pädagogischen Arbeit eine gewisse Kontinuität ermöglicht, andererseits ihr aber auch spezifische Grenzen setzt.

3 Die Struktur pädagogischen Handelns

Wir hatten bisher pädagogisches Handeln als soziales Handeln charakterisiert und erläutert und den Raum beschrieben, in dem es stattfindet. Nun muß sich der Blick auf seine innere Struktur richten. Von außen wahrnehmbar ist pädagogisches Handeln ja lediglich als Sprechen, Zeigen und Vormachen. Wenn dies zielgerichtet, planmäßig und absichtsvoll, also professionell erfolgen soll, dann muß es eine *innere Struktur* haben, die sich in einem *zeitlichen Prozeß* entfaltet.

Die Zielsetzung ist grundsätzlich vorausgesetzt, weil sie zur Definition gehört: ohne Ziele kein Handeln, auch kein pädagogisches. Aber um ein Ziel erreichen zu können, muß ich die Bedingungen erkennen, die Ausgangslage, wo ich anfangen will oder muß. Ferner muß ich mir eine Vorstellung machen über den zeitlichen Ablauf: wie fängt die Sache an? Wie soll sie weitergehen und warum und wie soll sie zu Ende sein? Schließlich muß ich irgendwann prüfen, ob das Ziel auch erreicht wurde, und je nachdem, wie das Ergebnis ausfällt, kann die Handlungsphase zu Ende sein, oder sie wird weitergeführt oder korrigiert. Es geht jetzt also um das Handeln als zeitlichen Prozeß und um die damit verbundenen Dimensionen seiner inneren Struktur. Es sind offenbar im wesentlichen fünf:

1. Festlegung des Zieles;
2. Diagnose der Situation, in die hinein gehandelt werden soll;
3. Antizipation;
4. Prüfung des Ergebnisses;
5. Korrektur des Lernprozesses.

1. Professionelles pädagogisches Handeln muß *zielgerichtet* sein. Ziel ist das, was am Ende eines Lernprozesses herauskommen, sein *Ergebnis* sein soll. Da die Lernenden

aber keine tote Materie sind, sondern selbst handeln, ist es unwahrscheinlich, daß gesetzte Ziele *vollständig* und *ausschließlich* erreicht werden (beim Schulunterricht würde das z.B. voraussetzen, daß während des ganzen Lernprozesses das Handeln des Lehrers unterstützt wird und daß *alle* Schüler dem Unterricht zu folgen imstande sind). Ebenso unwahrscheinlich ist, daß *nur* die Ziele des Lehrers erreicht werden. Während eines jeden Lernprozesses ergeben sich für die Lernenden auch andere interessante Aspekte, denen sie zumindest in ihrer Phantasie nachgehen können, deren Ergebnisse man „Nebenwirkungen" nennt. Die „Nebenwirkungen" können übrigens politische Dimensionen annehmen.

Noch im 19. Jahrhundert war es verboten, den schwarzen Sklaven in den Südstaaten der USA Lesen und Schreiben beizubringen. Man fürchtete die „Nebenwirkungen"; denn wer diese Kulturtechniken beherrscht, wird nicht nur das lesen, was seine Herren ihm genehmigen, sondern auch anderes, worauf er stößt.

Wenn ein Kultusminister zum Beispiel hofft, durch einen entsprechenden Erlaß die Wehrgesinnung zu verbessern, kann das bei den Schülern den gegenteiligen Effekt haben. Ähnliche Erfahrungen werden aus der NS-Zeit berichtet. Die Dürftigkeit etwa der „Rassenkunde", die schon durch einfache Rückfragen zur Sache offenkundig wurde, konnte statt der persönlichen Identifikation auch kritische Distanz hervorrufen.

Allerdings wird an diesem Beispiel auch ein Unterschied zwischen der *pädagogischen* und *politischen* Perspektive deutlich. *Politisch* gesehen — aus der Sicht der damaligen Machthaber — muß die kritische Distanz *einiger* Schüler in Kauf genommen werden, wenn man statistisch damit rechnen kann, daß eine große Mehrheit doch von einem solchen Unterricht ideologisch beeindruckt wird. Diese Rechnung läßt sich auch heute für viele bildungspolitische Aktivitäten aufmachen. Der *pädagogisch* Handelnde hat jedoch nicht eine solche statistische Perspektive im Blick, sondern die Unmittelbarkeit seiner lernenden Partner. *Pädagogische* Argumente für *bildungspolitische* Bestrebungen und Entscheidungen sind also grundsätzlich mit großer Vorsicht zu betrachten. Politik kann immer nur Rahmenbedingungen für pädagogisches Handeln setzen, dieses aber nicht determinieren.

Das gilt auch für den Umgang mit wissenschaftlichen Theorien. Diese haben, selbst wenn sie in hohem Maße empirisch abgesichert sind, immer nur statistischen Wert, sie treffen also auf einen Einzelfall, zum Beispiel auf ein einzelnes Kind, immer nur mit einer mehr oder weniger großen Wahrscheinlichkeit zu. Der pädagogisch Handelnde hat es aber eben nicht mit statistischen Größen zu tun, sondern mit *Individuen*, die *als solche* — und nicht als statistische Repräsentanten — seine Partner sind. Es gibt keine Theorie eines bestimmten Individuums. Die Unbestimmbarkeit im Verhältnis von allgemeiner Theorie einerseits und dem theoretisch nicht faßbaren Einzelfall andererseits muß durch *Handeln* überbrückt werden. Soziales und also auch pädagogisches Handeln ist nicht nur einfach die Exekution vorgegebener Theorien oder vorgefaßter Ziele, sondern immer auch ein Sprung ins Ungewisse.

Pädagogische Ziele können eng oder weit gefaßt sein. Ziel kann zum Beispiel sein, einen bestimmten Stoff so zu lernen, daß er in einer Klassenarbeit reproduziert werden kann. Das Ziel kann aber auch allgemeiner gefaßt sein (z.B. Resozialisation im Jugendstrafvollzug), so daß es mit einzelnen pädagogischen Handlungen gar nicht realisiert, sondern nur sehr vage damit angestrebt werden kann. Außerhalb des schulischen Unterrichts ist dies sogar der Normalfall. Wenn zum Beispiel in einem Ferienlager ein pädagogisches Ziel darin besteht, daß Kinder lernen sollen, ihre Konflikte so auszutragen, daß sie dabei Kooperation und Kompromisse schließen lernen, dann kann dies niemals durch einzelne pädagogische Handlungen erreicht werden, dann ist vielmehr von einem *strategischen Ziel* die Rede, das lediglich zum *Maßstab* einzelner pädagogischer Handlungen werden, ihm eine *Richtung* geben kann.

So richtig es also ist, daß pädagogisches Handeln einer Zielsetzung bedarf, so wenig kann dieses Ziel die einzelne pädagogische Handlung determinieren, vielmehr läßt es einen mehr oder weniger großen Spielraum für mehr oder weniger vernünftige pädagogische Akte. Diese Erkenntnis, daß nämlich die wichtigen pädagogischen Ziele strategische sind, gilt auch für die Schule; denn unser obiges Beispiel — einen bestimmten Stoff in einer Klassenarbeit wiedergeben können — ist für sich genommen ja ein sinnloses Ziel, wenn es nicht in umfangreichere strategische Ziele eingebettet ist. Diese mögen heißen „Entfaltung der geistigen Fähigkeiten" eben durch Erlernen dieses Stoffes oder „Entwicklung zutreffender Vorstellungen" über ein bestimmtes Sachgebiet, wozu dieser Stoff als unentbehrlich oder zumindest nützlich angesehen wird.

Um das Problem der Zuordnung einzelner pädagogischer Akte zu solchen strategischen Lernzielen zu lösen, haben Didaktiker versucht, die Ziele in möglichst präzise beschreibbare Teillernziele zu zerlegen, sie also in diesem Sinne zu „operationalisieren", — in der Hoffnung, daß die Summe dieser Teillernziele dann das strategische Lernziel ergeben könnte. Dies wäre jedoch nur bei rein kognitiven Lernzielsequenzen möglich und auch nur dann, wenn dabei keine *Interpretationen* von Sachverhalten nötig wären, die wiederum mehrere Möglichkeiten der Deutung eröffnen. Nun sind aber gerade politische und kulturelle Tatsachen als solche gänzlich sinnlos und deshalb in hohem Maße interpretationsfähig und -bedürftig.

Wenn zB. das übergeordnete strategische Lernziel sein soll zu verstehen, warum die Nationalsozialisten an die Macht gekommen sind, dann ist die Tatsache, daß Hitler am 30.1.1933 durch Hindenburg zum Reichskanzler ernannt wurde, ein für sich genommen sinnloses Faktum. Die zu diesem Thema vorliegende historische Fachliteratur ist kaum im Hinblick auf die einschlägigen Tatsachen, wohl jedoch im Hinblick auf deren Interpretation ausgesprochen kontrovers. Will man nun dieses Thema in der Schule dennoch unterrichten, muß man die interpretatorische Komplexität enorm reduzieren, was zwar bei jedem Unterrichtsthema unumgänglich ist, aber eben auch die inhaltliche Brüchigkeit jeder Lernzielsequentierung zur Folge hat, — es sei denn, sie wird *ideologisch* gekittet.

Noch schwieriger wird die Sache, wenn zu den kognitiven auch noch Verhaltensziele kommen, daß zB. die Erkenntnis über die Zusammenhänge jener Machtergreifung zur

Abwehr aktueller Bestrebungen von Neo-Nazis führen solle. So wichtig dieses Ziel aus politischen Gründen auch ist, es bleibt ein rein strategisches, das unmittelbar nicht angestrebt werden kann. Denkbar wäre sogar, daß ein solcher Unterricht eine an anderen sozialen Orten, zB. im Elternhaus fundierte neo-nazistische Grundposition noch verstärkt.

Ein etwas harmloseres Beispiel ist das folgende: In vielen Schulen gilt es als dem „demokratischen Bewußtsein und Verhalten" der Schüler förderlich, wenn diese die Themen des Unterrichts selbst bestimmen können („Freiarbeit") und gemeinsam mit ihren Mitschülern die dabei auftretenden Probleme zu lösen trachten. Radikale Vertreter dieser Ansicht halten deshalb den lehrerzentrierten Unterricht per se für „undemokratisch". In dieser zugespitzten Form wird – von der Verengung der didaktischen Möglichkeiten einmal abgesehen – eine bestimmte Methode als einzig mögliche Zuordnung zu einem strategischen Lernziel („Demokratisches Bewußtsein und Verhalten") angesehen, was so einfach jedoch nicht zutreffen kann. Was immer nämlich die Schüler bei einem solchen Unterricht lernen: eine zutreffende Vorstellung über das in unserer Verfassung vorgegebene *repräsentative* politische System können sie so jedenfalls nicht lernen; denn zu diesem System gehören auch Arbeitsteilungen, – auch die im Unterricht zwischen Lehrern und Schülern, wie ja überhaupt die Schule als Institution sich der gesellschaftlichen Arbeitsteilung letzten Endes verdankt.

Die Beispiele zeigen die Versuchung der pädagogischen Profession, den letztlich unentscheidbaren Spielraum zwischen den einzelnen pädagogischen Akten einerseits und den damit angestrebten und die Akte zugleich rechtfertigenden strategischen Lernzielen andererseits kurzzuschließen. Je hehrer das Ziel, um so unangreifbarer erscheinen die damit in Verbindung gebrachten pädagogischen Akte.

Aus der im Prinzip unüberbrückbaren Differenz zwischen beiden Polen folgt im Umkehrschluß aber auch die *Unverfügbarkeit der Ergebnisse* pädagogischen Handelns. Selbst im schulischen Unterricht kann der Lehrer über das wirk-

63

lich Gelernte nicht verfügen, weil er es so genau gar nicht kennen kann. Darüber täuschen die Schulnoten leicht hinweg.

Bis jetzt sind wir davon ausgegangen, daß der Pädagoge die Ziele setzt. Das muß nicht so sein, und gerade im außerschulischen Bereich entstehen viele Mißverständnisse dadurch, daß die Pädagogen glauben, die Profession ihres Handelns beruhe darauf, daß *ihre* Ziele realisiert werden. Wie wir noch sehen werden, kann die Aufgabe des Pädagogen aber auch darin bestehen, daß er die Bedingungen der Möglichkeit dafür schafft, daß die Partner *sich selbst* Ziele setzen bzw. ihre eigenen realisieren können. Nehmen wir als Beispiel einen Pädagogen in einem Jugendfreizeitheim. Seine Besucher wollen in der Regel gar nicht etwas lernen, sondern ihre Freizeit nach ihren eigenen Vorstellungen dort verbringen. Wenn der Pädagoge nun mit seinen Gästen Skat spielt — keinen „pädagogischen", sondern einen überzeugten — dann handelt er insofern pädagogisch, als er ein Klima schafft, in dem zum Beispiel Beratungen möglich werden, oder aus dem heraus andere Lerninteressen entstehen können.

2. Um erfolgreich pädagogisch handeln zu können, braucht man eine *Diagnose* der Situation, in die hinein gehandelt werden soll. „Diagnose" ist eine Art von „pädagogischer Feldforschung". Es geht darum, sich über mindestens folgende Faktoren Klarheit zu verschaffen: Welche *Erwartungen* haben die Partner? Wie sind ihre *Lernbereitschaft* und ihre *Lernfähigkeit* einzuschätzen, welche *Sozialstruktur* liegt vor und welche *technischen Mittel* stehen zur Verfügung?

Wie bereits erwähnt, sind die Erwartungen bis zu einem gewissen Grade durch die Institution mitbestimmt: Wer zur Schule geht, kann dort kaum eine touristische Veranstaltung erwarten. Andererseits sind die institutionellen Vorgaben über weite Strecken brüchig geworden, was sich gerade an der Schule zeigt: Ist Schule nun eher ein Ort des sachorientierten Unterrichts oder eher ein Ort des „sozialen Lernens"? Inwieweit darf man dort seine augenblicklichen Bedürfnisse und Interessen befriedigen, und inwieweit muß man diese abarbeiten an objektiven Ansprüchen, wie sie die Schulfächer stellen? Oder in einem Ferienlager: Erwarten die Kinder dort eher, daß sie tun können, was sie möchten, oder eher, „daß man ihnen etwas bietet"? Unsicherheit über die *Zwecke* eines pädagogischen Feldes verunsichert auch das pädagogische Handeln bzw. läßt pädagogisches Handeln leicht mißlingen oder ins Leere gehen. Wo die Erwartungen, die an ein pädagogisches Feld gerichtet werden, nicht klar genug sind, muß darüber *Verständigung* hergestellt werden. Man muß sich mit den Partnern darüber einigen, was auf welchem Wege und mit welchen Mitteln nun getan werden soll.

Verständigung muß im Grunde immer angestrebt werden, denn man kann niemanden gegen seinen Willen zum Lernen zwingen. In der Schule geht man im allgemeinen davon aus, daß die Schüler — gedrängt von den Eltern — sich mit dem Schulzweck identifizieren und wenigstens einigermaßen gute Zensuren erreichen wollen. Das muß nicht unbedingt auch ein Interesse an den Unterrichtsinhalten zur Folge haben. Deshalb wäre das Unterrichten erfolgreicher, wenn es dem Lehrer gelänge, auch eine Verständigung über die Gegenstände und Lernziele zu erreichen. In außerschulischen pädagogischen Situationen und Feldern, die freiwillig aufgesucht werden und in denen keine „Berechtigungen" erworben werden können, ist ohne ausdrückliche Verständigung eine pädagogische Arbeit kaum möglich.

„Verständigung" ist nicht nur eine Frage des guten Willens oder des persönlichen Einvernehmens, sondern kann auch das Ergebnis eines rationalen Diskurses sein, etwa unter folgenden Gesichtspunkten:

a) Was gelernt werden soll, ist nötig für die Entwicklung bzw. Weiterentwicklung allgemeiner Fähigkeiten oder Fertigkeiten;
b) es ist nötig, damit man später weiterlernen kann;
c) es bereichert das gegenwärtige oder künftige Leben im ästhetisch-kulturellen Sinne;
d) es ist nötig, um eine bestimmte Berechtigung zu erwerben;
e) es ist nötig, um berufliche Chancen zu verbessern.

65

Wenn Lernhilfe soziales Handeln ist, dann folgt daraus auch, daß die Lernprozesse wechselseitig sind: wer lehrt, lernt dabei selbst, wenn auch nicht unbedingt dasselbe wie seine Partner. Wer selbst nicht lernt, von dem ist auch auf Dauer nichts zu lernen.

Mit den Erwartungen verwandt, aber nicht identisch sind die *Motivationen;* verwandt insofern, als sie Grund für den Eintritt in ein pädagogisches Feld sein können und insofern natürlich auch die Erwartungen mitbestimmen. Darüber hinaus sind Motive innere Gründe dafür, etwas zu tun – z.B. zu lernen – oder etwas nicht zu tun. Jeder Mensch verfügt über eine mehr oder weniger komplexe Motivationsstruktur, an die pädagogisches Handeln anknüpfen kann. Jedoch ist Vorsicht geboten bei dem Versuch, andere *planmäßig* zu motivieren. Ob dies möglich ist, bleibt zweifelhaft; zwar können bei Menschen – insbesondere bei jungen – immer auch neue Motivationen entstehen, aber vermutlich kann man das nicht planmäßig inszenieren. Im allgemeinen sollte pädagogisches Handeln mit den Motivationen rechnen, die vorhanden sind, diese herauslocken und herausfordern, und vor allem keine abblocken oder unterdrücken. Zudem gehören Motive und Motivationen zum inneren Kern der Persönlichkeit, der der pädagogischen Planung unzugänglich bleibt und auch bleiben sollte.

Begrenzen Motivationen zumindest zunächst einmal die *Lernbereitschaft* und damit die Reichweite pädagogischen Handelns, so setzt die *Lernfähigkeit* ebenfalls eine Grenze. Beides ist nicht identisch, in der Praxis aber schwer zu unterscheiden: will jemand nicht oder kann er nicht? Die Lernfähigkeit hängt unter anderem von der Vorbildung ab, aber auch vom Lebensalter. Vorschulkinder haben eine andere Lernreichweite als Primaner. Jede Lernfähigkeit kann zwar gefördert werden, aber der *Wille* des Partners dazu kann nicht einfach unterlaufen werden.

Die Erwartungen, die Motivationen und die Lernfähigkeit sind keine starren, ein für allemal festgesetzten Größen, sie können sich vielmehr nicht nur im Laufe des Lebens, also im Verlaufe weiterer Erfahrungen, verändern, sondern auch im Verlauf von Lernprozessen, also auch als Ergebnis von pädagogischem Handeln. Wenn zum Beispiel die Diagnose zu dem Ergebnis kommt, daß die Partner nicht besonders motiviert sind und ihre Lernbereitschaft eher gering ist, so kann sich das während eines Projektes durchaus ändern.

Ein weiterer wichtiger Faktor ist die *Sozialstruktur* des pädagogischen Feldes (Altersunterschiede, Bildungsunterschiede, Verteilung der Geschlechter). Im Prinzip gibt es keine *optimale* Sozialstruktur für das pädagogische Handeln, sondern jede hat ihre eigentümlichen Chancen. Ist sie relativ homogen, wie meist auf der Oberstufe des Gymnasiums, so ist es leichter, „gemeinsame Sachen" zu finden. Ist sie inhomogen, so können die Unterschiede selbst als ein Lernarrangement verstanden werden: Behinderte und Nichtbehinderte können gemeinsame Schulen oder Ferienlager besuchen; Gastarbeiterkinder mit möglicherweise anderem religiös-kulturellen Hintergrund können eine Anschauung von kultureller Pluralität vermitteln, usw.

Entscheidend ist nur, daß jeweils eine *chancengleiche gemeinsame Sache* gefunden wird, die nicht von vornherein einen Teil der Lerngruppe in ihren Beteiligungsmöglichkeiten benachteiligt. Insofern setzt die jeweilige Sozialstruktur durchaus *Grenzen* für pädagogisches Handeln, nämlich im Hinblick auf die möglichen Lern*gegenstände* und Lern*inhalte*.

Schließlich sind noch die *technischen Möglichkeiten* zu beachten.

Ein Klassenraum mit beweglichem Mobiliar schafft andere — nicht unbedingt bessere — Bedingungen für pädagogisches Handeln, als wenn er mit starren Sitzreihen eingerichtet ist. Eine Ferienzeit in einer Jugendherberge hat andere Chancen, wenn genügend Gruppenräume, Spiele, Sportmöglichkeiten usw. zur Verfügung stehen, als wenn sie im wesentlichen nur die Möglichkeit der Übernachtung und des gemeinsamen Essens bietet. Keineswegs ist es jedoch so, daß in jedem Fall die materiell bessere bzw. komfortablere Ausstattung auch die besseren Chancen für pädagogisches Handeln enthält. Ein karg ausgestattetes Zeltlager kann auch Lernprozesse ermöglichen — z.B. im Hinblick auf Selbsttätigkeit und Eigenverantwortung —

die in einer komfortablen Herberge gar nicht möglich wären. In der Schule wird der Unterricht nicht schon dadurch erfolgreicher, daß perfekte Lernmittel vorhanden sind; im Gegenteil: Wenn die Schüler ihre Lehrmittel selbst produzieren müssen wie zum Beispiel nach dem Kriege, kann das auch einen positiven Lerneffekt haben. Die Frage der materiellen Ausstattung ist also keineswegs nur instrumentell zu sehen: Der Pädagoge hat eine bestimmte Absicht und sucht sich dafür die nötige Ausstattung zusammen. Auch der umgekehrte Blick ist ergiebig: Welche Ausstattung ist vorhanden und was könnte man damit pädagogisch machen?

Welche Bedeutung die technischen Mittel für das pädagogische Handeln haben, ist in erheblichem Maße kulturell bedingt, also änderbar, und hängt davon ab, wie die Beteiligten sie erleben und interpretieren. In den 50er und 60er Jahren zum Beispiel wurde das „einfache Leben" der jugendgemäßen Zeltlager weitgehend abgelehnt zugunsten der mehr Komfort versprechenden touristischen Angebote. Gegenwärtig zeigt sich eine umgekehrte Tendenz, unter dem Titel „Erlebnispädagogik" wieder den Reiz reduzierter Lebensformen zu entdecken.

Je standardisierter ein pädagogisches Feld ist — wie z.B. in der Schule — um so einheitlicher sind auch seine Faktoren. In der außerschulischen Arbeit jedoch finden sich vielfach offene und hinsichtlich ihrer inneren Struktur zunächst unbekannte Felder, — wenn man etwa an Freizeitheime oder Ferienlager denkt, und deshalb wird es hier besonders wichtig, sich eine Vorstellung von den pädagogischen Möglichkeiten des jeweiligen Feldes zu machen. Teilweise ist dies jedoch nicht *vorgängig* möglich, sondern ergibt sich erst aus den Erfahrungen des Handelns, etwa aus den Rückmeldungen der Partner.

Allerdings steigt die Chance einer zutreffenden Diagnose mit dem vorhandenen Wissen und den vorliegenden Erfahrungen, insofern beides unter dem Gesichtspunkt des Handelns mobilisiert und umstrukturiert werden kann. Je größer das Repertoire an Wissen und Erfahrung, um so größer auch die Chance einer richtigen Diagnose und eines effizienten Handelns. Die Diagnose kann nur durch

Interpretation gewonnen werden. Der pädagogisch Handelnde muß die Situation, in die hinein er handeln will, wie eine Art von Text verstehen, den er zu dechiffrieren hat. Je kontinuierlicher beziehungsweise je dauerhafter ein pädagogisches Feld ist, zum Beispiel wie bei einer Schulklasse, um so leichter fallen auf die Dauer die Diagnosen.

3. Da Lernprozesse zeitliche Prozesse sind, die planmäßig organisiert werden sollen, braucht man eine Vorstellung über diesen zeitlichen Ablauf. Das kann in Form strenger Planung erfolgen, wie etwa bei der Unterrichtsvorbereitung oder wenn man einen Vortrag schriftlich ausarbeitet, oder in einer offenen Form, bei der nur eine Skizze vorgeplant ist mit der Erwartung, daß die Partner ihrerseits sich an der Gestaltung dieses zeitlichen Prozesses beteiligen, wie oft im Bereich der außerschulischen Bildung. Aber vorweggedacht werden müssen auch mögliche Probleme. Welche Schwierigkeiten sind zu erwarten und wie könnte man sie lösen? Mit welchen „Nebenwirkungen" ist zu rechnen? Diagnose und Antizipation sind eine Art von Phantasiespiel, das dazu dienen soll, für das gesetzte Ziel die optimale Handlung herauszufinden, oder das Ziel zu modifizieren, beziehungsweise in nacheinander anzustrebende Teilziele aufzulösen. Die Handlungsabläufe werden gleichsam in der Vorstellung aufgebaut, so daß eine produktive Differenz zum real ablaufenden Geschehen entsteht. Kaum jemals wird beides sich voll decken, der vorgestellte und der tatsächliche Ablauf werden im Regelfalle in einem Spannungsverhältnis bleiben. Auch kann sich die Vorstellung ändern, wenn sich herausstellt, daß ihr Abstand zur Realität zu groß wird. Aber die aus Diagnose und Antizipation erwachsene Vorstellung wird benötigt, um den realen Ablauf bewerten und steuern zu können.

4. Wenn pädagogisches Handeln als absichtsvolle, zielgerichtete Tätigkeit definiert wird, dann folgt daraus, daß *geprüft* werden muß, ob das Ziel auch erreicht wurde. *Prüfen* ist also ein notwendiger Bestandteil pädagogischen Handelns, es muß nicht unbedingt in Form von Zensuren erfolgen (das Interesse an Zensuren ist in erster Linie ein administratives) aber so, daß beide Seiten — Lehrende

und Lernende – den Erfolg des Lernprozesses feststellen können.

Nun haben wir aber bei der Erörterung pädagogischer Ziele bereits festgestellt, daß sich nur relativ begrenzte Kenntnisse, Fähigkeiten und Fertigkeiten so präzisieren lassen, daß sie auch überprüft werden können. Die grundlegenden strategischen pädagogischen Ziele sind in dieser Form nicht überprüfbar. Darin steckt eine tiefe Beunruhigung für das pädagogische Handeln, weil einfach die gesicherten Ergebnisse und damit die Erfolgserlebnisse fehlen.

Diese Verunsicherung ist oft Anlaß für Kompensationen; zum Beispiel wird aus diesem Grunde der Beziehungsebene eine zu große Bedeutung beigemessen. Von den Schülern „geliebt" und anerkannt zu werden, erscheint ein sichtbareres Zeichen für Erfolg, als die letzten Endes nicht überprüfbaren Lernergebnisse. Andererseits stellt sich leicht Resignation ein: Man zieht sich zurück auf den Lehrstoff, weil dann die Prüfung der Ergebnisse noch am ehesten möglich ist.

Gerade bei komplexen Lernvorgängen und Lernzielen ist die Prüfung des Ergebnisses nicht so einfach möglich wie bei unserem vorhin erwähnten Beispiel (einen bestimmten Stoff in einer Klassenarbeit reproduzieren zu können). Eine wichtige Form der Prüfung ist deshalb die *Anwendung* des Gelernten auf neue Aufgaben. Was nützt es zum Beispiel einem Schüler, wenn er eine bestimmte Zahl lateinischer Vokabeln lernt, aber er trotzdem keinen Text übersetzen kann, in dem diese Vokabeln vorkommen! Zum Komplex des Prüfens gehört deshalb auch das *Üben* beziehungsweise Trainieren neugelernter Sachverhalte oder Techniken.

Auch das Prüfen ist eine interpretatorische Handlung, das heißt über das *Ergebnis* der Prüfung kann es keine letzte Gewißheit geben, das gilt auch für Zensuren. Abgesehen von der Frage, was Zensuren wirklich messen, sind sie ebenfalls das Ergebnis von Interpretationen.

Das wird noch deutlicher, wenn wir uns im außerschulischen Bereich umsehen. Wenn zum Beispiel nach einem

Vortrag eine Diskussion stattfindet, dann ist diese Diskussion auch eine Möglichkeit der Prüfung, inwieweit der Vortrag oder Teile davon verstanden wurden. In einer Gruppenarbeit erfolgt die Prüfung gleichsam nebenher durch den ständigen Dialog. In anderen Situationen — zum Beispiel bei Beratungen — wird dadurch geprüft, daß nach der subjektiven Zufriedenheit der Partner gefragt wird. Wenn die Partner souverän genug sind, übernehmen sie das Prüfen selbst, indem sie sich durch Rückfragen vergewissern.

5. Je nach dem Ergebnis der Prüfung wird das pädagogische Handeln beziehungsweise der Lernprozeß *beendet* oder *korrigiert*. Diese Fähigkeit, tatsächlich ablaufende Lernprozesse ständig korrigieren zu können, erscheint mir mindestens so wichtig wie die Präzisierung von Lernzielen. Den Zielen wird in der Pädagogik, wie wir gesehen haben, ohnehin eine zu große Aufmerksamkeit geschenkt, was mit der Dominanz schulpädagogischer Leitvorstellungen zu tun hat, zu denen eben die *Planbarkeit* von Lernprozessen gehört.

Nun ist dieses Modell der Struktur pädagogischen Handelns eine idealtypische Konstruktion, das heißt pädagogisches Handeln läuft nicht jedesmal in dieser eben beschriebenen Reihenfolge ab. Während einer Unterrichtsstunde zum Beispiel wird ständig korrigiert (beim Anschreiben an die Tafel, bei Beiträgen von Schülern), *ohne* daß jedesmal vorher erst wieder „diagnostiziert" oder „antizipiert" wird. Es wäre also sehr problematisch, aus dieser inneren Analyse des pädagogischen Handelns ein rigides Muster zu zimmern, nach dem man nun ständig vorgeht. Das Ganze ist ein *Denkmodell,* das vielleicht dann am nützlichsten ist, wenn das alltägliche Routinehandeln nicht mehr befriedigend verläuft.

Sieht man sich aber die innere Struktur des pädagogischen Handelns noch einmal zusammenfassend an, so wird deutlich, wieviel Unsicherheitsfaktoren dabei eine Rolle spielen: Hält man sich an „strategische" Ziele, dann ist die einzelne pädagogische Handlung nur mit Hilfe sehr unsicherer Interpretationen diesem Ziel zuzuordnen. Setzt man die Ziele begrenzt, dann muß man die Prüfungssitua-

71

tion gleich mitdefinieren, um feststellen zu können, ob sie auch erreicht sind. Wenn ich zum Beispiel feststellen will, ob ein Schüler zwanzig lateinische Vokabeln gelernt hat, dann muß ich etwa einen Vokabeltest schreiben lassen. Aber auch dieser Test verrät mir im Grund nur, ob der Schüler *in dieser Situation* die erwünschte Leistung erbracht hat. Je präziser die Ziele formuliert werden, um so begrenzter sind sie und um so zahlreicher werden die „Nebenwirkungen", zum Beispiel weil niemand zwanzig Vokabeln lernen kann, ohne daß seine Phantasie sich dabei in alle möglichen Richtungen bewegt. Diagnose, Antizipation und Prüfung des Ergebnisses sind nur interpretatorisch zu leisten, das heißt es gibt dafür keinen zuverlässigen Maßstab, und die dann erfolgende Korrektur des Lernprozesses ist mit ähnlicher Unsicherheit behaftet wie die ursprüngliche Zielsetzung. Aus all dem folgt, daß diese Interpretationen nur dann halbwegs zuverlässig sein können, wenn sie mit den Partnern gemeinsam vorgenommen werden, wenn also die Partner zumindest zur ständigen Rückmeldung ermuntert werden.

Weil pädagogisches Handeln seiner Natur nach mit vielen Unsicherheiten hinsichtlich des Erfolges behaftet ist, sind Pädagogen empfänglich für „Rezepte", daß heißt für wiederholbare Muster von Handlungsabläufen, die eine gewisse Sicherheit verleihen sollen. Für die einzelnen pädagogischen Berufsgruppen gibt es da eine Menge einschlägiger Literatur „aus der Praxis für die Praxis".

Nun zeigt schon die Lebenserfahrung, daß wir alle beim Handeln gewissen Mustern folgen, wir wären überfordert, wenn wir ständig gleichsam vom Nullpunkt aus unser Handeln voraussetzungslos neu gestalten würden. Eine solche Erwartung stellt auch dieses Buch nicht. Wichtig ist nur, daß man sich diese Muster und ihren nur relativen Wert bewußt macht, um sie wenigstens flexibel zu handhaben und sie gegebenenfalls auch durch neue Erfahrungen ändern zu können. In der Tat gibt es eine Reihe von Regeln, die sich im jeweiligen pädagogischen Beruf bewährt haben und die zwar nach aller Erfahrung im Einzelfalle versagen können, aber sozusagen im statistischen Sinne in einer Vielzahl von Fällen erfolgreich sind. Jeder pädagogische Beruf hat da seine eigenen Erfahrungen, und jeder Pädagoge entwickelt im Verlauf seines Berufslebens *sein* Regel-Set, nach dem er zunächst einmal handelt und das er — wenn er geschickt ist — dann variiert, wenn er unvermutete Widerstände beziehungsweise Schwierigkeiten vorfindet. Ohne solche Muster kann niemand in einem pädagogischen Beruf auf Dauer arbeiten.

Problematisch wird das vor allem in zwei Fällen: Solche Regel-Sets können sich einmal institutionell verfestigen. Das geschieht dann, wenn sie in der Ausbildung als der „Weisheit letzter Schluß" ausgegeben werden und nicht als das, was sie sind, nämlich als notwendige, aber immer auch problematische Handlungsstützen. Das geschieht ferner dort, wo pädagogisches Handeln bewertbar gemacht werden soll und deshalb Kriterien genannt werden müssen, die zur Not auch rechtsfähig sein können. Da ist zum Beispiel zu denken an den Vorbereitungsdienst für angehende Lehrer (Referendariat), wo etwa Muster der Unterrichtsvorbereitung und Unterrichtsdurchführung derart ritualisiert sein können, daß sie nicht nur sachfremd, wenn nicht gar lächerlich wirken, sondern auch erfolgreichen Unterricht gefährden würden, wenn sie *immer* befolgt würden und nicht auf die sogenannten „Vorführstunden" beschränkt blieben.

Zum anderen werden solche Handlungsmuster problematisch, wenn sie zum sogenannten „Methodenfanatismus" führen. Es gibt Fanatiker des Frontalunterrichts (Schülerslogan: „Wenn alles schläft und einer spricht, das ganze nennt man Unterricht"), der Gruppenarbeit („wichtiger als die Sache ist soziales Lernen") und solche, die unermüdlich die Subjektivität ihrer Partner zu knacken versuchen („Betroffenheit erzeugen"). Solche Einseitigkeiten können auch das Ergebnis von Moden sein, die jeweils „in" sind und als besonders fortschrittlich gelten. Sie können auch generationstypisch sein, insofern eine ganze Generation sie in ihrer Ausbildung so gelernt hat. Gerade weil der Erfolg pädagogischen Handelns ungewiß ist, sind solche Scheinlegitimationen so verführerisch. Dazu gehören auch die Überidentifikationen mit den Partnern gegen die angeblich böse Umwelt, was sich dann als besonders beeindruckendes politisch-gesellschaftliches Engagement ausgeben läßt.

Trotz aller unvermeidlichen Routine des Alltags bleibt es also immer wieder nötig, sich auf den Sinn des professionellen pädagogischen Handeln zurückzubeziehen, nämlich Lernen zu ermöglichen. Was wir hier die innere Struktur pädagogischen Handeln genannt haben, ist — rein formal gesehen — die innere Struktur sozialen Handelns überhaupt. Die Besonderheit des pädagogischen Handelns liegt lediglich in der Zielsetzung: Lernen ermöglichen. Ähnlich handelt zum Beispiel auch der Arzt: Er diagnostiziert die Ursache der Beschwerden, entwickelt daraus seine Zielsetzung (z.B. mit einem bestimmten Medikament die Beschwerden zu beheben), antizipiert die möglichen Folgen (z.B. die Nebenwirkungen der Medikamente), prüft das Ergebnis (wie fühlt sich der Kranke einige Zeit später) und korrigiert gegebenenfalls sein Handeln. Ähnlich der Politiker: Er will zum Beispiel ein bestimmtes Gesetz durchbringen. Er diagnostiziert die politische Situation (z.B. wie kann er die nötige Mehrheit bekommen), antizipiert die Folgen (sind z.B. unerwünschte Nebenwirkungen zu erwarten, die vielleicht den Sinn des Vorhabens in Frage stellen könnten), prüft das Ergebnis (daß z.B. seine Wiederwahl gefährdet ist) und korrigiert sein Ziel entsprechend. Natürlich erfolgt gerade politisches Handeln in viel komplexeren Zusammenhängen als pädagogisches oder medizinisches Handeln, aber seine Grundstruktur ist im Prinzip die gleiche.

Zusammenfassung

1. Lernen ist ein wechselseitiger Prozeß: auch der Lehrer lernt, wenn er lehrt, allerdings meist nicht dasselbe wie seine Schüler.

2. Die innere Struktur pädagogischen Handelns — wie sozialen Handelns überhaupt — läßt sich charakterisieren durch
a) Festlegung des Zieles
b) Diagnose der Ausgangssituation
c) Antizipation

d) Prüfung des Ergebnisses
e) Korrektur des Lernprozesses

3. Alle wichtigen pädagogischen Ziele sind strategische, das heißt sie sind so allgemein, daß einzelne pädagogische Handlungen nur durch unsichere Interpretationen diesen Zielen zugeordnet bzw. von daher legitimiert werden können.

4. Diagnose der Ausgangslage, Antizipation der Folgen und Prüfung des Ergebnisses sind ebenfalls nur bedingt zuverlässige Interpretationsleistungen. Daraus ergibt sich die Notwendigkeit, die Partner an diesen Interpretationen zu beteiligen.

5. Wegen dieser Unsicherheiten ist das Bedürfnis nach „Mustern" pädagogischer Handlungsabläufe („Rezepte") groß. Es ist nur dann problematisch, wenn diese Muster unflexibel gehandhabt werden, sich institutionell verfestigen oder zu Methodenfanatismus führen.

4 Grundformen pädagogischen Handelns

Professionelle Pädagogen sind „Lernhelfer", die *planmäßig* und *zielorientiert* vorgehen, und die dies an bestimmten, öffentlich bekannten Orten tun (Institutionen), dies unterscheidet sie von allen anderen Lernhelfertätigkeiten, die sich im alltäglichen Leben sowieso ergeben.

Nun stellt sich die Frage, ob es möglich ist, *alle* pädagogischen Berufstätigkeiten so zu erfassen, daß man das bei ihnen vorfindbare pädagogische Handeln auf wenige *Grundformen* reduzieren kann. In diesem Falle ließe sich die pädagogische Profession als ein einheitlich zu bestimmender Berufsstand verstehen, der sich arbeitsteilig spezialisiert (z.B. Lehrer; Sozialpädagogen; Freizeitpädagogen). Ähnliches kennen wir auch aus anderen Berufen, etwa bei fachärztlichen Spezialisierungen, die gleichwohl alle einem gemeinsamen medizinischen Ziel und Ethos verbunden bleiben. Sinn ergäbe das jedoch nur, wenn die speziellen Formen des pädagogischen Handelns bei allen pädagogischen Berufen tatsächlich auch eine Rolle spielen, also als Bestandteil einer einheitlichen pädagogischen Berufssicht angesehen werden können. Dies scheint mir bei den folgenden fünf Grundformen des pädagogischen Handelns der Fall zu sein: Unterrichten, Informieren, Beraten, Arrangieren und Animieren. Davon soll in diesem Kapitel die Rede sein. Dabei will ich auf die soeben erörterten Dimensionen der Grundstruktur des pädagogischen Handelns (Zielsetzung, Diagnose, Antizipation, Prüfung, Korrektur) nur insofern eingehen, als es sich um jeweils besondere Aspekte der betreffenden Handlungsform handelt.

Den Leser wird vielleicht überraschen, daß „Erziehen" unter den Handlungsformen nicht zu finden ist. In der Tat meine ich, daß „Erziehen" im Rahmen unserer Definition des pädagogischen Handelns — Lernen ermöglichen — nicht als pädagogische Handlungsform gelten kann. Was daran pädagogisch ist — also Lernen ermöglichen soll — läßt sich durch die im folgenden charakterisierten Handlungsformen hinreichend beschreiben. Die im Erziehungsbegriff darüber hinaus enthaltenen politischen beziehungsweise administrativen Handlungsaspekte — der Zwangscharakter — sind unter unserem pädagogischen Gesichtspunkt nicht interessant.

Hinzu kommt, daß die Verwendung des Erziehungsbegriffs für *öffentliches* pädagogisches Handeln äußerst problematisch geworden ist, insofern damit herkömmlicherweise nicht *begrenzte* Lernleistungen angesprochen werden, sondern die Formung der Persönlichkeit im ganzen das Ziel ist. Mir scheint, daß es dazu keine Legitimation mehr gibt, weder für den Staat noch für einen anderen Träger der öffentlichen Erziehung. Eine solche Vorstellung von Erziehung würde notwendigerweise ein bestimmtes Menschenbild voraussetzen, einschließlich aller seiner normativen und weltanschaulichen Implikationen, dem der Zögling dann irgendwann entsprechen soll. Aber in einer normativ *pluralistischen* Gesellschaft hat keine öffentliche Einrichtung mehr die Legitimation, ein *partikulares* Menschenbild durch Erziehung durchzusetzen. Ein Ausweg wäre auch nicht, etwa den normativen Konsens der Gesamtgesellschaft zu Rate zu ziehen und daraus eine Art von normativem Grundkanon für die öffentliche Erziehung zu destillieren. Das wäre illusionär, weil ein solcher „gesamtgesellschaftlicher Mensch" ein Homunculus, eine blutleere Abstraktion wäre.

Bei Licht besehen zeigt sich denn auch, daß praktisch die Erziehungsmaßnahmen sich auf begrenzte Korrekturen des Verhaltens richten, die übrigens auch nur Aussicht auf Erfolg haben, wenn über die Ziele solcher Korrekturen Verständigung mit den Minderjährigen erzielt werden kann. Darüber hinaus bleiben zwei einfache Tatsachen übrig: daß der Staat Anspruch auf *legales Verhalten* hat und daß Minderjährige noch nicht in vollem Umfang selbständig handlungsfähig sind und insofern einer rechtlichen Aufsicht bedürfen. Aber all dies kann „Erziehung" nicht als eine besondere Form professionellen pädagogischen Handelns begründen. Die Verantwortung für die Gesamtpersönlichkeit der Heranwachsenden kann die Gesellschaft nicht mehr übernehmen, sie fällt den Heranwachsenden selbst zu. Die Gesellschaft kann nur für entsprechende Lernangebote sorgen, zum Beispiel für Unterricht.

Selbst bei weltanschaulich bestimmten pädagogischen Arrangements, z.B. Schulen in konfessioneller Trägerschaft, wird zwar noch das jeweilige Welt- und Menschenbild zur Geltung gebracht, aber auch nicht mehr so, daß damit eine totale Beeinflussung und Kontrolle der Persönlichkeit verbunden wäre. Das Weltanschauliche ist hier kaum mehr als ein besonderes Lern- und Bildungsangebot.

Am deutlichsten hat sich inzwischen die Sozialpädagogik von jenem umfassenden Erziehungsbegriff verabschiedet, weil er nicht mehr praktikabel ist. Sieht man genau hin, dann setzen die Konzepte der Resozialisierung auf *begrenzte* Lernhilfen: Lernen mit Aggressionen umzugehen, den Alltag zu bewältigen, von Drogen freizukommen usw. Freilich wird dabei vor allem im Rahmen *therapeutischer* Verfahren auch die Gesamtpersönlichkeit in den Blick genommen, welche Bedeutung z.B. das Suchtverhalten für sie hat, aber eher in einem instrumentellen Sinne, weil es für die Korrektur des Verhaltens als nötig erscheint.

Bittet man Pädagogen, die am Erziehungsbegriff festhalten, einmal genauer zu beschreiben, was sie damit im einzelnen meinen, so stellt sich fast immer heraus, daß sie dabei tatsächlich *begrenzte* Interventionen im Auge haben, die sich als Lernhilfen deuten lassen, von denen sie lediglich erwarten oder hoffen, daß sie über den Augenblick hinaus auch Rückwirkungen auf die Gesamtpersönlichkeit des Kindes bzw. Jugendlichen haben.

Was vom traditionellen Erziehungsverständnis bleibt, ist also die *Grenzsetzung*. Sie erfolgt einmal durch die Gesetze, zum anderen durch die Regeln, die in menschlichen Gemeinschaften − z.B. in der Familie − oder im Rahmen von Institutionen − z.B. in der Schule − Geltung haben. Diese Vorschriften müssen auch von Pädagogen durchgesetzt werden, – ich habe dies vorhin die *politische* Handlungsdimension genannt. Nun können solche Grenzsetzungen bewußtlos, etwa im Sinne der Einforderung eines blinden Gehorsams, erfolgen, oder aber in allgemein moralischer oder in sozial-funktionaler Hinsicht aufgeklärt werden, wie dies etwa im Bildungsauftrag der Schule verstanden wird. Jedenfalls ist Grenzsetzung nicht identisch mit der Beeinflussung der Gesamtpersönlichkeit, sondern setzt für deren Selbstentfaltung nur einen Rahmen.

Unterrichten

Diese Handlungsform ist uns vor allem aus der Schule bekannt: Der Lehrer weiß etwas bzw. kann etwas, das er den Schülern beibringt. Aber neben diesem klassischen Typus des schulischen Unterrichts gibt es viele andere Situationen, in denen planmäßiges und erfolgreiches Unterrichten wichtig ist, andere Bildungsstätten, in denen unterrichtet wird. Zudem müssen in jedem pädagogischen Beruf (und auch in anderen Berufen) mündliche oder schriftliche Referate gehalten oder Rechenschaftsberichte geliefert werden. In diesem Sinne kommt das Wort „Unterrichten" auch außerhalb der Pädagogik vor: Ein Politiker „unterrichtet" zum Beispiel seinen Regierungschef über die Ergebnisse eines Auslandsbesuches. Immer geht es dabei darum, relativ komplexe Sachzusammenhänge in einem längeren Argumentationsprozeß anderen zu erklären. Unterrichten kann im Prinzip jeder, der über eine entsprechende Sachkunde verfügt.

Unterrichten ist die einzige pädagogische Handlungsform, die nicht unmittelbar dem Alltagsleben verhaftet bleibt, sondern gerade in Distanz zu den Alltagsproblemen abläuft. Zum Zwecke des Unterrichts begebe ich mich aus meinem Alltag heraus – in eine Schule, Hochschule oder in einen Vortragssaal. Wenn ich mir z.B. einen Vortrag anhöre, dann mobilisiere ich zwar meine einschlägigen Erfahrungen, um das Gehörte für mich sinnvoll werden zu lassen, aber der Vortragende selbst muß von meinen besonderen Erfahrungen absehen, – nicht nur deshalb, weil er sie gar nicht kennt, sondern auch weil sein Vortrag der Sache nach so objektiviert sein will, daß er damit prinzipiell alle verständnisfähigen Menschen ansprechen kann. Unterricht bietet also gerade die Möglichkeit, die Alltagserfahrungen, Alltagsbedürfnisse und Alltagsinteressen zu transzendieren, gleichsam neben der tatsächlich gelebten Existenz eine Vorstellungswelt aufzubauen, die mir zum Beispiel die Wüste Sahara bekannt werden läßt, ohne daß ich je dort gewesen bin. Diese Chance des Unterrichts, die borniertе Unmittelbarkeit des Lebens zu überschreiten, wird in der gegenwärtigen Schulpädagogik nicht immer gesehen, wenn sie zum Beispiel nicht nur bei den Interessen und Bedürfnissen der Schüler *ansetzt,* sondern dabei auch im wesentlichen *verbleibt.* Historisch gesehen verbreitete sich Unterricht in dem Maße, wie eben die Belehrungen in der Lebenssituation selbst nicht mehr ausreichten, weil es notwendig wurde, für Lebenssituationen im voraus zu lernen, die man noch gar nicht kannte oder voraussehen konnte. Ohne Unterricht wäre berufliche Mobilität gar nicht denkbar. Gerade dadurch, daß der Unterricht nicht an eine bestimmte Lebenssituation der Gegenwart gebunden, sondern an unbestimmte in der Zukunft orientiert ist, ist es möglich, ihn über lange Zeit hinweg zu planen und zu organisieren, wie dies etwa in unseren Schulen und Hochschulen geschieht.

Auf den ersten Blick scheint das alles ganz einfach: Jemand weiß etwas und teilt es anderen so mit, daß sie es verstehen. Aber bei Licht betrachtet ist die Sache doch wesentlich komplizierter. Nicht von ungefähr gibt es eine umfangreiche Diskussion über Didaktik und Methodik und die Unterrichtswissenschaft ist zu einer eigenständigen wissenschaftlichen Disziplin geworden. Darauf kann ich hier im einzelnen nicht eingehen. Aber versuchen wir uns einmal vorzustellen, daß jemand in einer Volkshochschule einen Vortrag halten soll.

1. Zunächst muß er von seinem Thema etwas verstehen, er muß es selbst studiert bzw. recherchiert haben, und er muß mehr davon wissen, als er in dem Vortrag zum Ausdruck bringen kann, sonst müßte er in der anschließenden Diskussion schnell passen. Erst wenn man die Sache so

souverän beherrscht, daß man sie nicht nur auf eine Weise, sondern auf verschiedene Weisen darstellen könnte, kann man sie auch für andere mitteilbar machen.

2. Über die *Darstellungsform* ist bereits entschieden: Es soll ein Vortrag sein. Denkbar wäre ja auch, daß lediglich eine offene Gesprächsrunde inszeniert wird, zu der der Redner einen „Einstieg" gibt; die Gruppe trägt dann erst einmal von sich aus ihre Kenntnisse, Erfahrungen und Urteile zum Thema zusammen und der Redner beschränkt sich darauf, sein Fachwissen an geeigneter Stelle dieses Kommunikationsprozesses einzubringen, wo es dann vielleicht auf besonders fruchtbaren Boden fällt.

3. Da die Redezeit begrenzt ist, muß unser Redner eine *Auswahl* treffen: er muß *entscheiden,* was aus der Fülle des an sich möglichen Stoffes er präsentieren will. In diesem Augenblick setzt er die *Ziele* fest. Die Auswahl des Stoffes und damit die Zielsetzung wird von zwei Überlegungen bestimmt: einmal von der Sache her; der Redner wird *das* vortragen, was er selbst für besonders wichtig hält. Andererseits wird er sich eine Vorstellung von seinem *Publikum* machen: was sind das für Menschen? Welche Erfahrungen haben sie und was könnte sie besonders interessieren (=Diagnose)? Bei der Auswahl, die der Redner trifft, wird er kreativ. Jetzt beginnt er, die Sache der Wissenschaftler, deren Bücher er gelesen hat, zu *seiner* Sache zu machen, nun wird er selbst zum Autor. Allgemein ausgedrückt: Der Unterricht kann niemals nur eine als objektiv gedachte Sache abbilden, um sie mitzuteilen, jeder Unterricht konstituiert die Sache auf je besondere Weise. Deshalb kann man über ein und dieselbe Sache viele verschiedene Bücher schreiben, und zwei Lehrer, die über dasselbe Thema nach demselben Schulbuch unterrichten würden, konstituieren dabei die Sache notwendigerweise unterschiedlich. Dieses Problem könnte man das unausweichliche „didaktische Dilemma" nennen. Da eine Sache nur mitteilbar, also lernbar wird, indem wir dafür eine Darstellungsform wählen, konsitutiert diese Darstellungsform eben auch die Sache, und zwar schon dadurch, daß ich aus der prinzipiell unbegrenzten Fülle des Mitteilbaren *auswählen* muß, um damit die zu unterrichtende Sache gewissermaßen zu definieren.

4. Bevor unser Redner allerdings zum wirklichen Autor wird, muß er die Gesichtspunkte, die er ausgewählt hat, in eine systematische, logische Struktur bringen. Er könnte sich ja damit begnügen, ohne weitere Erklärungen bestimmte Autoren zu zitieren, und den Zuhörern überlassen, was sie davon halten wollen; oder er reiht einfach Tatsachen aneinander. Dies aber wäre kein Unterricht und würde die Zuhörer ratlos lassen. Der zeitliche Prozeß des Vortrags muß also sinnvoll gestaltet werden. Die Sache muß irgendwo plausibel beginnen, Gedanke und Argumentation müssen erkennbar fortschreiten und zu einem plausiblen Ende kommen. *Dies* ist der eigentlich schöpferische Akt. Anders ausgedrückt: Jedes Unterrichten ist im Kern *Interpretation,* „Auslegung" und Deutung von Tatsachen und (wissenschaftlichen) Meinungen. Jeder Historiker weiß zum Beispiel, daß das, was wir als „Quellen" in der Geschichte finden, an und für sich nur eine riesige Ansammlung von „sinnlosen Polizeiberichten" ist; erst die *Interpretation* dieser Polizeiberichte durch den Historiker macht daraus eine sinnvoll verstehbare Geschichtsschreibung. Das gilt generell für die Handlungsform „Unterrichten".

5. Noch eine weitere Überlegung muß sich unser Redner machen: Welche *methodische Inszenierung* soll er wählen? Er könnte es beim durchgehenden Vortrag belassen; er könnte aber auch am Anfang oder zwischendurch Dias oder Tonaufnahmen verwenden, die Gliederung seines Vortrags den Teilnehmern zur Verfügung stellen, eine Tafel benutzen usw. Das methodische Kunststück besteht also darin, etwas, was im Bewußtsein des Lehrenden *gleichzeitig* vorhanden ist, in einen *zeitlichen Prozeß* zu verwandeln, und zwar so gegliedert, daß die Lernenden die innere Struktur des Mitgeteilten verstehen können.

Ich habe den Vortrag als Beispiel gewählt, weil er das *Kernstück* eines jeden Unterrichts ist und seine *Grundform.* Obwohl mancher Pädagoge es für „rückschrittlich" halten mag: Der „Frontalunterricht" und nicht die Gruppenarbeit ist das Grundmodell des schulischen Unterrichts. Das schließt selbstverständlich nicht aus, daß im Rahmen einer methodischen Inszenierung auch Gruppenarbeit einen Platz haben kann. Jedes methodische Arrangement, das von der Vortragsfassung abweicht, verändert die Sache noch einmal, konstituiert diese ebenfalls mit. „Methodik" des Unterrichts ist also niemals nur eine Technik, die unabhängig von der Sache gewählt werden kann.

In jedem Falle muß die Wirklichkeit, über die unterrichtet werden soll, zu diesem Zwecke auf spezifische Weise konstruiert und sie kann nicht einfach abgebildet werden.

Gleichwohl braucht der Unterrichtende die Unterstellung, daß es seine Sache im „objektiven", dem subjektiven Meinen *vorgegebenen* Sinne wirklich gibt, daß also „Wahrheit" und „Richtigkeit" angestrebt werden können. Ohne diese Unterstellung würde der Unterricht beliebig werden, würde der sachliche Gehalt der willkürlichen Definition des Lehrenden oder der Lehrenden und Lernenden oder irgendwelcher Auftraggeber ausgeliefert. Für die Lernenden würde dann der Unterricht seinen Sinn verlieren, der ja nur darin liegen kann, auf diese Weise ein Stück Welt, einen Teil ihrer Realität — also eben der außersubjektiven Realität — sich zu erschließen. Diese Bindung an Objektivität hebt den Unterricht aus allen anderen pädagogischen Handlungsformen heraus, insofern dieser Anspruch für die anderen Formen keine zwingende Bedeutung hat.

Die notwendigen didaktischen Reflexionen über die innere und äußere Reduktion des Stoffes kommen bald an eine Grenze. Selbst die aufwendigste Unterrichtswissenschaft hat die didaktischen Entscheidungsprobleme kaum weiter lösen können, als dies mit einiger Erfahrung und „gesundem Menschenverstand" auch möglich ist. Zumindest bei allen geisteswissenschaftlichen Stoffen bleibt unentscheidbar, was nun wichtiger als anderes, oder was leichter ist als anderes, oder was grundlegend ist. Viel wichtiger scheint mir zu sein, daß einerseits der Anspruch und das Tempo den Fähigkeiten der Partner möglichst entsprechen, und daß andererseits das, was heute gelehrt und gelernt wird, für das Weiterlernen *morgen* produktiv ist, dies zumindest nicht behindert.

Dieser Maßstab schließt zB. Indoktrination und Dogmatismus aus.

83

Die *Zielkompetenz* liegt bei demjenigen, der den Unterricht erteilt, also beim Pädagogen. Das gilt auch dann, wenn — anders als in der Schule — das Thema nicht von vornherein vorgegeben ist, sondern mit dem Lehrenden — wie im Beispiel unseres Vortrages — ausgehandelt wird. Die Partner können nur *Themen* und dabei auch besonders interessierende *Gesichtspunkte* benennen, aber nicht die *Ziele* vorgeben. Der Unterricht muß seiner Idee nach vielmehr von einem *Gefälle* zwischen Lehrenden und Lernenden ausgehen, das allerdings nur *partikular* gilt, also zunächst einmal nur für die jeweilige Sache, um die es sich handelt.

Informieren

Im Unterschied zum Unterrichten ist Informieren immer auf aktuelle Lebenssituationen bezogen; wir brauchen Informationen, um uns in einer Situation richtig, angemessen oder wunschgemäß verhalten zu können. Die bekommen wir allerdings nicht nur von Pädagogen, sondern zum Beispiel auch von den Massenmedien. Der Fernsehjournalismus zum Beispiel behandelt nur solche Themen, von denen er annimmt, daß die Menschen sie für sich als eine Art von Lebenshilfe brauchen, — z.B. für politische, berufliche oder auch private Entscheidungen. Insofern ist es richtig, Journalismus als Information und nicht als Unterricht zu bezeichnen.

Unterrichten erfolgt nicht im Alltagsleben, sondern nur in davon abgehobenen Situationen. Beim Informieren ist das anders. Fast täglich informieren wir uns bzw. informieren andere. Wer informiert, weiß etwas, was der andere nicht weiß, aber für sein Verhalten benötigt. Informationen sind also Antworten auf Fragen, die jemand stellt, oder von denen man erwartet, daß er sie sich in einer bestimmten Situation stellt. Aber es sind Antworten, die im Unterschied zum Unterricht keiner umfassenden Interpretation bedürfen. Das gilt auch für pädagogische Felder.

Informationen werden also für aktuelle Probleme politischer oder persönlicher Art benötigt, damit das Verhalten von Menschen von Unsicherheiten befreit werden kann. Im Unterschied zum Unterricht bedürfen sie deshalb keiner komplexen Argumentationsfolgen. Im Gegenteil würde dadurch der aktuelle Zweck sogar verfehlt.

Andererseits besteht bei allen komplexen Lernprozessen wie in Schule und Hochschule immer wieder ein Bedarf an Informationen. Bei allen Lernprozessen ergibt sich die Notwendigkeit zu Informationen. Während des Unterrichts stellt ein Schüler eine Verständnisfrage, zum Beispiel zu einem ihm unbekannten Begriff, und erst *nach* dieser Information kann er am weiteren Lernprozeß wieder teilnehmen. Weitere Beispiele sind: Der Lehrer informiert über die geplante Klassenfahrt, der Leiter eines Zeltlagers über Gefahren der Umgebung, der Erwachsenenbildner über das Programm des nächsten Tages usw. Je weniger ein pädagogisches Feld vorstrukturiert ist, um so mehr Informationen werden gebraucht.

Die Beispiele legen die Frage nahe, ob Informieren wirklich der Rang einer eigentümlichen pädagogischen Handlungsform zukommt, oder ob sie nicht lediglich Teil einer didaktischen Strategie z.B. im Schulunterricht ist. Werden Informationen nicht nur gebraucht, damit andere pädagogische Handlungsformen erfolgreich fortschreiten können?

Wir werden aber sehen, daß dies auch für die anderen Handlungsformen untereinander gilt. „Informieren" begründet keinen besonderen pädagogischen Beruf — was für die anderen Formen auch nicht gilt — aber die in diesem Begriff geforderte Fähigkeit, Sachverhalte präzise und knapp zur Aufklärung einer aktuellen Verhaltensunsicherheit zu erklären, sie auf diese Situation hin zu ordnen und verständlich zu formulieren, kann in allen pädagogischen Situationen und Feldern von Bedeutung werden, — im Unterricht wie auch in Beratungssituationen. Eine Jugendberatung etwa kann ins Leere laufen, wenn dem Partner nicht präzise Informationen über seine *Rechtssituation* gegeben werden.

Die Bedeutung situativ bezogener und damit auch begrenzter Informationen ist im pädagogischen Denken vielleicht deshalb bisher unterschätzt worden, weil sie im

Unterschied zum langfristigen Schulunterricht wenig Raum für pädagogischen Hintersinn lassen; man muß eigentlich nur selbst genau informiert sein, um anderen damit dienen zu können.

Während die Zielkompetenz für den Unterricht beim Pädagogen liegt, ist sie beim Informieren nicht von vornherein festgelegt. Wenn in einem Zeltlager ein Pädagoge vor Gefahren in der Umgebung warnt, dann erwartet *er* ein bestimmtes Verhalten seiner Partner, nämlich eben die Vermeidung dieser Gefahr. Wenn derselbe Pädagoge verkündet, daß am Nachmittag kein Programm angeboten werde, dann unterstellt er, daß seine *Partner* diese Informationen wünschen, damit sie nämlich *selbst* diese Zeit gestalten können. Überhaupt müssen Informationen in einem pädagogischen Feld keineswegs nur vom Pädagogen ausgehen. Kinder und Jugendliche verfügen bei Themen, die sie interessieren und mit denen sie sich beschäftigt haben, oft über erstaunliche Detailinformationen, die für ihr Alltagsleben von Bedeutung sind und die der Pädagoge keineswegs immer auch zur Verfügung hat. Sie tauschen sie aus, ohne daß sie deshalb schon in der Lage wären, darüber im eben geschilderten Sinne zu unterrichten. Das gilt insbesondere für in der Jugendszene relevante Themen wie Mode, Musik und Technik.

Es ist gar nicht so einfach, präzise Informationen zu erteilen, ohne drumherumzureden. Falsche, fehlende oder mißverständliche Informationen können (z.B. bei Kindern) Gefahren auslösen oder die weitere pädagogische Arbeit behindern. Deshalb muß man vor allem in relativ offenen pädagogischen Feldern überlegen, welche Informationen die Partner wozu brauchen und wie man sie im Hinblick auf ihr Vorverständnis, auf ihre bisherige Erfahrung, formulieren muß (=Diagnose). Ferner muß *vorbedacht* werden (=Antizipation), für welche *künftig* eintretenden Situationen welche Informationen benötigt werden, oder welche Folgen eintreten können, wenn der Zuinformierende die Information benutzt oder wenn er sie mißverstanden hat.

Informationen können auch das Gegenteil dessen auslösen, was sie eigentlich bezwecken. Wenn zum Beispiel ein

Reiseleiter seine Gruppe Minderjähriger darüber informiert, daß auf einem bestimmten Platz in einer fremden Stadt mit Rauschgift gehandelt werde und daß man ihn deshalb meiden soll, kann das die gegenteilige Wirkung haben, weil durch diese Information die Neugier gerade geweckt wird. Deshalb muß man sich zumindest in wichtigen Fällen — z.B. wenn Kinder vor Gefahren zu schützen sind — vergewissern (=prüfen), ob die Information auch „angekommen" ist. Bei Unfällen etwa kann diese Frage durchaus auch rechtliche Bedeutung erlangen (Aufsichtspflicht). Es ist erstaunlich, in welchem Umfang Informationen nicht ankommen oder vergessen werden. So ist bekannt, daß viele Menschen relativ einfache Informationen etwa über Sicherheitsfragen an ihren Arbeitsplätzen nicht aufnehmen oder annehmen, — auch dann nicht, wenn das mit keinem erkennbaren Nachteil für sie verbunden wäre. Man kann davon ausgehen, daß bei einer Gruppe — z.B. einer Schulklasse im Schullandheim — eine simple Information (wann geht das Programm wo weiter) nur zum Teil ankommt. Das fällt meistens deshalb nicht weiter auf, weil die, die es begriffen haben, es den anderen weitersagen. Manche hören noch gar nicht richtig zu, andere sind mit ihren Gedanken woanders usw. Die Schwierigkeit beruht wohl darauf, daß die Information zwar begrenzt ist, aber in den Köpfen der Menschen gleichwohl in komplexe Texte integriert werden muß. Wie schwierig das Formulieren wie das Aufnehmen von Informationen tatsächlich ist, zeigt sich, wenn wir irgendwelche Gegenstände kaufen, die wir nach einer schriftlichen Anleitung selbst zusammenbauen müssen.

Beraten

Inzwischen ist „Beratung" fast ein Modewort geworden in der pädagogischen und sonstigen öffentlichen Diskussion. Die Zahl der Beratungsinstitutionen und der professionellen Berater ist erheblich gestiegen, und es gibt kaum noch ein nennenswertes menschliches Problem — ob Sexualität, Sucht oder Erziehung — für das sich nicht ein bestimmter Beratungstypus oder eine spezifische Beratungsinstitution entwickelt hätte. Die Gründe für diese Expansion liegen auf der Hand:

1. Gerade im Erziehungsbereich und überhaupt in Fragen der Lebensführung sind frühere normative und soziale Festlegungen weitgehend entfallen. Die durch diese Liberalisierung ausgelöste Verunsicherung hat die persönliche Entscheidungslast erheblich erhöht. Der Spielraum vernünftiger wie unvernünftiger Handlungsmöglichkeiten ist gewachsen und vieles, was früher durch Weisungen oder allgemein sanktionierbare Regelungen entschieden worden wäre, fällt heute der persönlichen Verantwortung des Einzelnen zu.

2. Damit ist der Umfang der Optionen, also der Wahlmöglichkeiten, erheblich gestiegen. Für die Verwendung von Zeit und Geld, für die Wahl der Berufsperspektive oder für den Umgang mit Menschen stehen uns, was immer wir tun, mehr oder weniger attraktive Alternativen zur Verfügung.

In dieser Situation entsteht ein Bedarf an Beratung, aber auch die Gefahr von Manipulationen. Von den zahlreichen Beratungsformen und Beratungsinstitutionen interessieren uns hier nur die pädagogischen, also die, die auf Lernhilfe zielen, und hier wiederum nur die, die auf der Ebene des argumentativen Austausches möglich sind. Außerhalb der Betrachtung bleiben auch diejenigen Selbsthilfegruppen, die keiner professionellen Beratung bedürfen — beziehungsweise insofern sie eine solche nicht wünschen. Die Idee solcher Gruppen — zum Beispiel der „Anonymen Alkoholiker" — ist, daß dort jeder jeden auf Grund der gleichartigen Erfahrungen beraten kann. Solche durchaus erfolgreichen Versuche weisen uns darauf hin, daß die Spezialisierung professioneller Beratung und ihre Ausgliederung aus dem üblichen Alltagsleben eine verhältnismäßig junge Erscheinung ist. Immer noch findet Beratung täglich überall statt, in Familien und unter Freunden, aber auch in den pädagogischen Feldern. Ein Lehrer berät einen Schüler, wie er am besten von der fünf in Mathematik wegkommt; ein Student wird beraten, wie er am besten sein Studium anlegt, usw.

Das *Lernziel,* um das es in einer Beratung geht, setzt der Ratsuchende. Das muß nicht formalistisch verstanden werden: Der Lehrer kann ruhig auf einen Schüler zugehen und seinen Rat anbieten. Entscheidend ist, daß der Ratsuchende ein Problem hat, das er subjektiv zufriedenstellend lösen möchte. Möglicherweise stellt sich erst im Prozeß der Beratung heraus, um welches Problem es sich eigentlich handelt und welche verschiedenen Lösungsmöglichkeiten es überhaupt gibt. Aber so oder so setzt der Ratsuchende das Lernziel, nicht der Berater. Insofern ist diese Handlungsform dem „Informieren" verwandter als dem „Unterrichten". Beratung wird gebraucht, um besser handeln zu können.

Eine zutreffende *Diagnose* ist hier von besonderer Bedeutung. Es kommt ja darauf an, realistisch zu beraten, also so, daß der Ratsuchende hinterher auch möglichst erfolgreich handeln kann. Wie ist der Handlungsspielraum des Ratsuchenden wirklich beschaffen? Wo wird er durch die persönlichen Fähigkeiten begrenzt, wo durch objektive äußere Zwänge? Werden solche Bedingungen nicht sorgfältig ermittelt, dann wird der Ratsuchende sich möglicherweise unrealistische Ziele setzen und durch erfolgloses Handeln sein ursprüngliches Problem nur vertiefen.

Im Unterschied zum Unterricht in einer Schulklasse, wo die Diagnose gleichsam nur statistisch möglich ist, also nicht bei jedem einzelnen Schüler ansetzen kann, ist die Chance bei der Einzelberatung erheblich größer, weil die Diagnose im unmittelbaren Dialog erfolgen und wenigstens im Prinzip lange genug fortgesetzt werden kann. Beim Beraten wie übrigens auch beim Informieren kehrt sich die logische Reihenfolge um: erst die Diagnose ermöglicht eine genauere Festsetzung des Zieles.

Die Fähigkeit, die Folgen einer Beratung *antizipieren* zu können, ist verständlicherweise sehr wichtig. Sie verlangt unter anderem soziale Phantasie und ein Vorwegdenken möglicher Schwierigkeiten oder Fehlhandlungen. Deshalb muß klargestellt sein, ob der Rat auch richtig verstanden wurde. In wichtigen Fragen wird eine Beratung nicht einmalig erfolgen. In einem solchen Falle wäre eine *Prüfung* des Erfolges kaum möglich. Wird Beratung aber zu einem Prozeß, so daß sich Ratgeber und Ratsuchender mehrfach treffen, dann ist eine Erfolgskontrolle wenigstens teilweise möglich. Da aber der Ratsuchende die Ziele setzt und der Ratgebende keinen Anspruch darauf hat, daß sein Rat auch angenommen wird, kann der Maßstab für den Beratungserfolg nur darin liegen, daß der Ratsuchende sich mit der Lösung seines Problems zufrieden erklärt. Darüber hinausgehende „objektive" Maßstäbe für „Erfolg" kann es folgerichtig nicht geben.

Ist der Ratsuchende unzufrieden, will aber den Beratungsprozeß fortsetzen, dann sind *Korrekturen* möglich. Gäbe es vielleicht einen anderen Weg zum Ziel? Sollte man erst einmal Teilziele anstreben? Hat der Ratsuchende seine Handlungsmöglichkeiten überschätzt? Wegen der Bedeutung, die „Prüfen" und „Korrigieren" für die Beratung haben, wäre eine planmäßige Beratung so anzulegen, daß sich Ratgeber und Ratsuchender mehrmals treffen können. Aber auch darüber entscheidet letztlich der Ratsuchende.

Im Unterschied zum Unterrichten und zum Informieren ist die Handlungsform Beraten eine individuelle, die der Diskretion bedarf. Dem widerspricht nicht, daß natürlich Menschen, die ein entsprechendes Vertrauen zueinander haben, sich auch gemeinsam beraten lassen können (z.B. Partner, Familien), zumal dann, wenn ihr Problem ein gemeinsames ist. Gemeinsame Beratungen sind darüber hinaus in allen pädagogischen Situationen möglich, wenn es sich nicht um der Diskretion bedürftige Gegenstände handelt. So könnte man ein nicht gelungenes Referat in einem Hochschulseminar einfach kritisieren, bewerten und korrigieren. Man kann die Sache aber auch so sehen, daß der Referent sein Referat seinen Möglichkeiten entsprechend ausgearbeitet, aber bestimmte, dem Dozenten erkennbare *Probleme* nicht bewältigt hat. Da man davon ausgehen darf, daß auch die anderen Studenten dieses Problem haben könnten, ist es durchaus angebracht, dieses Problem für alle zu beschreiben und Ratschläge zu geben, wie man es in *Zukunft* besser lösen könnte. Dieses Verfahren wäre im Prinzip überall anwendbar, wo es darum geht, Fehler zu korrigieren. Beratung wäre hier eine besonders *positive,* nämlich auf eine „bessere Zukunft" hin orientierte Kritik, die der pädagogischen Profession gut ansteht. Aber abgesehen von dieser Variante ist Beratung von allen pädagogischen Handlungsformen die persönlichste, erfordert ein einfühlsames Eingehen auf die individuellen Bedingungen und Möglichkeiten, und es ist sorgsam darauf zu achten, daß dabei die Persönlichkeitsrechte des Ratsuchenden geschützt werden.

Beratung ist zwar auf einen unmittelbaren Lebenszusammenhang bezogen, in dem es ein Problem gibt, das gelöst werden soll, aber sie kann durchaus auch in Distanz dazu erfolgen. Beide Möglichkeiten werden in Anspruch genommen. Die Familienfürsorge berät an Ort und Stelle, nämlich in den Familien. In anderen Fällen, z.B. in der Erziehungs- oder Jugendberatung, suchen die Ratsuchenden einen entsprechenden Ratgeber auf. Beide Formen lassen sich im Einzelfall auch kombinieren und sie haben ihre Vor- und Nachteile. Beratung als professionelle pädagogische Handlungsform setzt voraus, daß der Berater über möglichst fundierte Kenntnisse und Erfahrungen über den Gegenstand der Beratung verfügt. Keineswegs kann es ausreichen, die Probleme des Ratsuchenden nur zurückzuspiegeln in der Hoffnung, der andere werde auf diese Weise schon herausfinden, wo sein Problem liegt und wie er es am besten lösen könne. Dies mag als *therapeutische* Variante akzeptiert werden können, für einen Pädagogen, dessen Ziel Lernhilfe ist, kann diese Grundlage jedoch nicht ausreichen, weil dann ja von ihm nichts zu lernen wäre. Auch wenn es vielfach so ist, daß Ratsuchende in erster Linie jemanden suchen, vor dem sie einmal „ihr Herz ausschütten" können, muß der pädagogische Berater von der Sache, um die es da geht, so viel verstehen, daß er entweder selbst zumindest mit wichtigen Informationen dienen, oder aber eine kompetentere Beratung vermitteln kann. Kein Pädagoge kann z.B. eine Suchtberatung anbieten, wenn er von dem Problem und seinen komplexen Zusammenhängen nicht mehr versteht als der Süchtige selbst.

Entscheidend für die Situation der Beratung ist, daß es dem Ratsuchenden freisteht, den Rat anzunehmen oder zu verwerfen, das heißt er muß mehrere Möglichkeiten des Handelns tatsächlich zur Verfügung haben. Ist diese

Bedingung nicht gegeben — wie zum Beispiel oft in sozial-pädagogischen Situationen, etwa im Gefängnis — dann ist auch der Begriff „Beratung" unangebracht. Es gibt also Lebenssituationen, die die Handlungsform Beratung kaum zulassen. Allerdings darf man diesen Extremfall auch nicht vorschnell für gegeben halten. Fast immer gibt es einen wenn auch noch so kleinen Handlungsspielraum, in dem aufgrund eines Rates Entscheidungen möglich sind, und ein wichtiges Ziel könnte darin bestehen, diesen Spielraum durch dafür zweckmäßige Entscheidungen zu erweitern.

Andererseits gibt es auch Beratungssituationen, die das notwendige Mindestmaß an Freiheit nicht enthalten. So kann der Ratsuchende sich derart unter Druck stehend fühlen, daß er zu einer Reflexion seiner Situation und der für ihn darin enthaltenen Entscheidungsmöglichkeiten gar nicht in der Lage ist; oder der Ratsuchende ist — aus welchen Gründen auch immer — zu sehr abhängig vom Ratgeber. Nichtbeachtung des Rates darf vom Ratgeber nicht sanktioniert werden, auch zum Beispiel nicht von einem Lehrer; wer in Wahrheit eine erzieherische Weisung geben will, darf das nicht als Rat tarnen. Vielmehr bedarf die Situation der Beratung eines hohen Maßes an Vertrauen — sei es in die menschliche Integrität des Ratgebers oder in seine professionelle Kompetenz, sei es in die durch die Institution zu erwartende Garantie der Diskretion. Der drohende Hinweis: „Ich rate Dir, dies oder jenes zu tun" ist in Wahrheit kein Rat, sondern eine Weisung.

Daraus folgt andererseits, daß die *Verantwortung* für das, was der Ratsuchende nach der Beratung tut, bei ihm selbst liegt. Der Ratgeber unterliegt keiner entsprechenden Verbindlichkeit, außer im Sinne des Ethos seiner Professionalität — daß er also in diesem Sinne seine Arbeit möglichst gut macht — wenn er ein professioneller Berater ist. Wegen dieser in der Beratung liegenden spezifischen Verantwortlichkeit kann man pädagogisches Handeln in Familie und Schule nicht ohne weiteres — wie dies gelegentlich zu vernehmen ist — als „Beratung" bezeichnen. Wer dies ernsthaft meint, räumt damit auch ein, daß er für den (unmündigen) anderen keine Verantwortung zu übernehmen bereit ist.

Das *Ergebnis* einer Beratungshandlung ist also grundsätzlich offen, sowohl im Hinblick auf die Frage, ob der Rat angenommen wird, wie auch im Hinblick auf den *Inhalt* des Rates; denn der Inhalt kann auch erst im Laufe des Beratungsprozesses entstehen, zu dem ja auch die gemeinsame Herausarbeitung des Problems und der verschiedenen Lösungsmöglichkeiten gehört. In der Regel wird die Beratung zumal bei komplexen Problemen enden mit der Präzisierung von *Handlungs- oder Verhaltensmöglichkeiten,* unter denen sich der Ratsuchende dann entscheiden kann.

Im Prozeß einer Beratung können Formen der Unterrichtung und der Information eine Rolle spielen, gleichsam als „Exkurse". Einem Alkoholiker etwa muß man irgendwann den sachlichen medizinisch-sozialen Zusammenhang erklären, damit das Beratungsgespräch einen gemeinsamen Fundus an Kenntnissen bekommt; auf die Fragen des Ratsuchenden muß mit präzisen Informationen geantwortet werden.

Im außerschulischen Bereich spielt Beratung eine viel zu wenig erkannte Rolle. Das wird deutlicher, wenn wir zwischen *formeller* und *informeller Beratung* unterscheiden. Bei der *formellen* Beratung wird der Pädagoge unmittelbar angesprochen und um seinen Rat gebeten. Dieser Fall ist verhältnismäßig selten. Aber in jedem Gespräch, das zwischen Jugendlichen und Erwachsenen stattfindet − in einem Freizeitheim, auf einer Tagung, in einem Ferienlager usw. − kann eine mehr oder weniger versteckte Beratung entstehen. Auch auf Tagungen der Erwachsenenbildung wird ein solches Bedürfnis deutlich, insbesondere in den sogenannten „informellen" Zeiten − beim abendlichen Bier, also jenseits des offiziellen Programms. Scheinbar nur sachbezogene persönliche Gespräche können in Wahrheit verdeckte Beratungsgespräche sein. Der Pädagoge kann dabei in eine schwierige Lage geraten: Soll er seine Professionalität ablegen und lediglich „von Mensch zu Mensch" sprechen oder soll er bei aller menschlichen Verbindlichkeit seine Profession im Auge behalten, also sich bewußt bleiben, daß er als „Lernhelfer" tätig ist? Insbesondere im Umgang mit Erwachsenen kann das wohl nur aus der jeweiligen Situation heraus entschieden werden. Im Umgang mit Kindern und Jugendlichen dagegen sollte die Professionalität möglichst im Blick bleiben. Sonst besteht die Gefahr einer voreiligen Identifikation mit den Schwierigkeiten und Problemen des anderen; davon aber hätte er nichts, denn es kommt ja darauf an, ihm Perspektiven für die Überwindung dieser Schwierigkeiten zu eröffnen, und zwar solche, die *er* im Rahmen *seiner* vorgegebenen Lebensbedingungen auch realisieren kann. Ein arbeitsloser Jugendlicher zum Beispiel hat nichts davon, wenn man mit ihm gemeinsam über die politischen Verhältnisse schimpft. Die kann er zunächst einmal nicht ändern und er kann die Frage nicht vertagen, was er mit seiner arbeitslosen Existenz nun anfangen soll. Schließlich kann es eine wichtige Form der Beratung sein, kompetente Ratgeber zu vermitteln.

Arrangieren

Bei den bisher genannten Handlungsformen ging es darum, daß der Pädagoge etwas kann oder weiß, was andere (Erwachsene oder Kinder) von ihm lernen wollen, sollen oder müssen. Bei diesen Formen spielt aber auch das Arrangieren von technischen, wirtschaftlichen und materiellen Bedingungen eine Rolle.

Wer einen Landheimaufenthalt oder ein Ferienlager plant, muß einen „Haushalt" aufstellen und später auch realisieren können.

Einen physikalischen Versuch muß der Lehrer so aufbauen, daß das gewünschte Ergebnis auch herauskommen kann.

Ein Berater wird die Beratungssituation möglichst so arrangieren, daß ein Vertrauensklima entstehen, Diskretion gewahrt und Störungen verhindert werden können.

Nun wird man vielleicht einwenden, diese Formen der Planung und Organisation seien nur *technisch* zu verstehen, berührten aber doch nicht das im eigentlichen Sinne pädagogische Handeln. Das mag bei den bisher genannten Beispielen auf den ersten Blick auch so scheinen. Aber die Beispiele zeigen andererseits auch, daß *ohne* ein solches Arrangement Lernprozesse anders ablaufen oder fehlschlagen würden. Anders gesagt: Die Arrangements sind nicht einfach verzichtbar oder austauschbar: Ohne „Haushalt" ginge dem Ferienlager bald das Geld aus und es müßte vielleicht abgebrochen werden. Wenn der Physikversuch unzulänglich geplant ist, lernen die Schüler möglicherweise nicht das physikalische Ergebnis, sondern vielleicht eher, wie witzig ihr Lehrer solche Situationen meistert. Und ohne ein entsprechendes Arrangement könnte vielleicht keine Beratungssituation zustandekommen, sondern nur eine Informationssituation: Der Ratsuchende stellt ein paar Fragen, um sich dann bald wieder zu entfernen.

Darüber hinaus gibt es aber auch die Möglichkeit, Arrangements für offene Lernprozesse zu treffen (die dann unter Umständen auch systematisch aufgegriffen und verfolgt werden können). Ein Lehrer verteilt z.B. literarische Texte an seine Schüler mit der Bitte, nach der Lektüre in Gruppen darüber zu diskutieren und anschließend die Eindrücke, Fragen usw. der ganzen Klasse vorzutragen; in diesem Fall wird der Lehrer zwar systematische Absichten „im Hinterkopf haben", aber zunächst einmal ist das einfach ein Arrangement.

Offensichtlich geht es beim Arrangieren immer darum, *eine Lernsituation herzustellen,* wobei die Lernziele relativ präzise oder relativ allgemein sein können. Viele unserer pädagogischen Klassiker waren Meister des Arrangierens:

Rousseau konfrontierte seinen − wenn auch fiktiven − Emile unentwegt mit Situationen; er sollte von den Dingen selbst lernen, nicht durch verbale Belehrungen. Pestalozzi arrangierte in seinem Kinderheim in Stans eine eigentümliche Sozialstruktur: Die Kinder sollten ihn als „Vater" betrachten, der rund um die Uhr für sie besorgt ist, und die anderen Kinder als ihre Geschwister. Er war davon überzeugt, daß dies eine unerläßliche Voraussetzung war für die „sittliche Erziehung" dieser Kinder. Makarenko entdeckte während seiner Arbeit in der „Gorki-Kolonie" die Bedeutung eines mit ästhetisch-militäri-

schen Formen organisierten Kollektivs für die Resozialisierung seiner Verwahrlosten, ein Prozeß, in dem der Pädagoge immer überflüssiger wird. Korczak erfand, um ein
Gegengewicht gegen die drangvolle Enge seines Waisen-
hauses im Warschauer Getto zu schaffen, den Schriftver-
kehr sowohl der Kinder untereinander wie auch in der Beziehung zu ihm: Wer ihn sprechen wollte, sollte ein Brief-
chen in sein Brieffach stecken, auf dem das Anliegen kurz
erläutert wurde. Auf diese Weise sollte bei den Kindern
ein Mindestmaß an reflektierender Distanz gegenüber der
spontanen Unmittelbarkeit entstehen. Arrangieren ist
auch ein weites Feld für „ästhetische Erziehung". Dazu
wieder ein Klassiker-Beispiel: Der schon erwähnte Makarenko bestand darauf, daß trotz des großen Mangels, der
zunächst in seiner Kolonie herrschte, ständig saubere
Tischtücher verwendet wurden. Nur so könnten seine
Zöglinge Tischmanieren lernen. Die Beispiele ließen sich
unendlich vermehren. Die Fahrten des Wandervogels, die
Landerziehungsheime, die reformierten Internatsschu-
len, die SOS-Kinderdörfer – diese und viele andere pädagogischen Erfindungen waren und sind Arrangements,
von denen man sich ganz bestimmte Lernwirkungen versprach und verspricht. Auch das Kernstück der nationalsozialistischen Erziehungsideologie, die „Lagererziehung", war ein bewußtes Arrangement. Spartanische Lebensverhältnisse, Fortfall jeglichen Komforts, militäri-
sche Ritualisierungen sollten eine Lebenssituation schaffen, die *selbst* erzieherisch wirkt („jeder erzieht jeden"),
und die spezielle Erzieher überflüssig machen sollte. Als
letztes Beispiel seien die modernen „Selbsterfahrungsgruppen" erwähnt, insbesondere die, die im Prinzip ohne
Pädagogen oder Psychologen, also ohne „Profis" arbeiten,
wie etwa die „Anonymen Alkoholiker". Sie gehen offensichtlich nicht ohne Erfolg davon aus, daß die Erfahrungen der Betroffenen ausreichen, um miteinander in produktive Lernprozesse einzutreten. Solche Personen an einem Ort ohne weitere Vorgaben zusammenzubringen, ist
offensichtlich auch eine pädagogische Handlungsform.

Wenn ich recht sehe, führe ich für die hier beschriebenen
Handlungen die Bezeichnung „Arrangieren" als Termi-
nus ein. Das bedarf einer Begründung.

Herkömmlicherweise würden die Beispiele als „Methodik" oder als „Organisation" bezeichnet werden: Der Lehrer wählt „Gruppenarbeit" als Unterrichtsmethode, der Leiter eines Ferienlagers „organisiert" dieses Lager so, daß er mit seinem Budget auskommt. Gleichwohl hat die Handlungsform „Arrangieren", wie sich gleich zeigen wird, Aspekte, die unter „Methodik" oder „Organisation" nicht einfach zu subsumieren sind, und diese möchte ich ebenfalls berücksichtigen. Daß sie bisher wenig beachtet wurden, liegt an der von der Schule her bestimmten *Zielorientiertbeit* des pädagogischen Denkens. Herkömmlicherweise gehen wir davon aus, daß pädagogisches Handeln dort optimal ist, wo der Pädagoge möglichst präzise Ziele setzt und sie auch realisiert. Daß es auch sinnvoll sein kann, Lernziele den Partnern zu überlassen und ihnen dafür geeignete Bedingungen zu verschaffen, ist noch kaum ins Bewußtsein vorgedrungen, obwohl dies in der Praxis der außerschulischen Pädagogik längst üblich geworden ist.

Nehmen wir als Beispiel ein durchschnittliches Jugendfreizeitheim. Es ist zunächst einmal ein Arrangement: Es enthält Räume und technische Ausstattungen, die die jugendlichen Besucher zu bestimmten Tätigkeiten anregen können. Die dort tätigen Pädagogen sind Teil dieses Angebots, sie können Besucher gewinnen für etwas, das sie selbst interessiert, oder sie sorgen für das Arrangement beziehungsweise sie stehen für Anfragen — gleich welcher Art — zur Verfügung. Sie werden gleichsam dafür bezahlt, daß sie Zeit für Jugendliche haben.

Nicht wenige Pädagogen fühlen sich dabei unbefriedigt, weil sie nicht sehen, wo eigentlich ihre *pädagogische* Qualifikation benötigt wird. Sie denken sich zum Beispiel irgendwelche Ziele aus und versuchen, sie mit den Besuchern zu realisieren. Dabei übersehen sie, daß eben auch das Arrangement von Lernmöglichkeiten — wozu in diesem Falle auch gehören kann, *sich selbst* gleichsam als Lernmöglichkeit zur Verfügung zu halten — eine wichtige pädagogische Handlungsform ist.

Der obige Hinweis auf die Nazizeit soll zeigen, daß Arrangieren erstens eine in der pädagogischen Diskussion unterschätzte und zweitens eine durchaus gefährdete pädagogische Handlungsform ist, weil sie tief in die emotionale Dimension hineinreichen kann. Man kann nicht nur Lagerfeuer-Romantik, sondern auch Verführungssituationen und gruppendynamischen Terror arrangieren. Zweifellos handelt es sich hier um die heikelste pädagogische Handlungsform.

Die Aspekte der Handlungsform „Arrangieren" sind so vielfältig, daß wir versuchen müssen, gerade hinsichtlich der Zielsetzung Unterscheidungen einzuführen.

1. Vielfach geht es darum, *soziale Bedingungen der Möglichkeit* dafür zu etablieren, daß *überhaupt* ein Zusammenleben möglich wird und ein pädagogisches Feld entstehen kann. So wird man zum Beispiel ein Zeltlager mit 100 Teilnehmern sozial untergliedern, so daß ein Betreuer eine überschaubare Gruppe erhält, mit der er wenigstens einen Teil des Programms abwickelt und für die er der ständige Ansprechpartner ist. Würde man auf eine solche soziale Untergliederung verzichten, dann würde sich nach aller Erfahrung eine soziale Strukturierung durch Machtkämpfe ergeben, bei denen sich die Stärkeren durchsetzen. Die überschaubare Gruppe dagegen gibt jedem sofort eine soziale Orientierung und einen sozialen Status, wodurch er entlastet wird und seine Aufmerksamkeit auf das lenken kann, was ihn interessiert beziehungsweise was ihm angeboten wird. Dabei kann die überschaubare Gruppe auch selbst ein Ziel sein, wenn man etwa davon ausgeht, daß durch das Leben in einer solchen Gruppe „rund um die Uhr" notwendigerweise bestimmte Verhaltensweisen gelernt werden wie Kooperation, Kompromißfähigkeit usw. Hier muß also durch ein planmäßiges Arrangement hergestellt werden, was an anderer Stelle institutionell vorgegeben ist. So sind Schule und Hochschule *institutionelle Arrangements,* die durch festes Lehrpersonal, Räume, Lehrplan und Zeitplan ein ständig neues Grundarrangement überflüssig machen.

Da jedes Arrangement — auch das institutionalisierte — einerseits Lernmöglichkeiten eröffnet, andererseits sie aber auch begrenzt oder verhindert, lassen sich von daher auch kritische Einwände erheben. Ein großer Teil der Schulkritik war immer schon Kritik des institutionellen Arrangements. Ähnlich lassen sich andere institutionelle Arrangements befragen: Ist zum Beispiel das Jugendgefängnis ein vernünftiges Arrangement für das, was die Gefangenen dort unter dem Stichwort der „Resozialisation" lernen sollen?

2. Ein Arrangement kann als methodisches Mittel verstanden werden, um ein *bestimmtes* Ziel zu erreichen. So verändert etwa ein Lehrer das Mobiliar seiner Klasse so, daß sich Tischgruppen zusammenfinden können, weil er diesen Gruppen bestimmte Aufgaben geben will. Früher gehörten zu diesem Komplex auch bestimmte Rituale, zum Beispiel daß die Schüler sich erheben mußten, wenn der Lehrer den Raum betrat, unter anderem weil man sich dadurch eine Konzentration auf den beginnenden Unterricht versprach. Diese Variante trifft vor allem auf die Schule zu. Sie zeigt, daß das, was wir „Methodik" des Unterrichts nennen, nur eine Spielart des Arrangierens ist. Auch hier geht es darum, Lernsituationen herzustellen: Anschreiben an die Tafel, Verteilen von Texten, Bildung von Kleingruppen sind hier wie auch in außerschulischen Bildungsveranstaltungen Arrangements, die eine Lernsituation herstellen bzw. produktiv machen sollen. Das Ziel setzt bei dieser Variante der Pädagoge und sie dürfte vor allem in planmäßigen Bildungsveranstaltungen eine Rolle spielen.

3. Man arrangiert eine Situation, überläßt die Lernziele aber den Partnern. Ein Beispiel dafür sind etwa gesellige Veranstaltungen, zum Beispiel ein Tanzabend in einem Ferienlager mit Jugendlichen. Schon Einzelheiten eines solchen Arrangements können von großer Bedeutung sein. Es macht zum Beispiel einen Unterschied, ob die Musik ununterbrochen mit hoher Lautstärke ertönt, oder ob regelmäßig Pausen eingelegt werden. Im letzteren Falle ist die Wahrscheinlichkeit erheblich größer, daß die Teilnehmer miteinander ins Gespräch kommen.

Ein anderes Beispiel ist, daß man geeignete Fachleute für ein bestimmtes Thema beschafft („Referenten"), wie es in der Jugendarbeit und Erwachsenenbildung üblich ist. Wer solche Fachleute mit an der Sache interessierten

Menschen zusammenbringt, handelt pädagogisch, weil er eine Lernsituation arrangiert. Er könnte sich damit sogar begnügen, etwa nach dem Motto: „Nun macht selbst was draus!" Viele Tätigkeiten in der außerschulischen pädagogischen Arbeit sind von dieser Art, und meist wird dies als „Organisieren" bezeichnet. Das ist aber schon insofern unrichtig, als der Organisator, der einen Referenten einlädt, eine gewisse Kenntnis des Themas braucht und dessen, was der Referent dazu möglicherweise zu sagen hat.

4. Man kann Arrangements treffen, die primär auf eine *emotionale Gestimmtheit* zielen. Ein Beispiel dafür ist die frühere Lagerfeuer-Romantik: Flackerndes Licht, Wanderlieder oder Liebeslieder konnten sehr unterschiedliche Stimmungen erzeugen, – von kollektiver Gleichschaltung bis hin zu individuellen Phantasien. Auch andere Beispiele liegen nahe: Ein professioneller Berater wird vielleicht das Beratungszimmer so einrichten, daß es ein Klima von Sachlichkeit, Vertrauen und Ruhe ausstrahlt, ohne intim zu erscheinen.

Wie schon erwähnt setzten die Nazis auf einen Kult der Emotionen, der das Bewußtsein unterlaufen und damit das Nachdenken verhindern sollte. Dieses negative Beispiel sollte aber den Blick nicht verstellen für das, worum es hier eigentlich geht, nämlich um die *ästhetische* Dimension, also um die Aspekte des Schönen, des Wohlgefallens, der positiven Gestimmtheit. Dies ist einerseits Voraussetzung für Lernprozesse – jeder Mensch lernt lieber, wenn er seine Lernumgebung als angenehm und wohltuend empfinden kann – andererseits selbst aber ein *Lerninhalt.*

Dieser ästhetische Aspekt ist in den letzten Jahrzehnten in der pädagogischen Theorie weitgehend vernachlässigt worden. Am ehesten hat man sich dort darüber Gedanken gemacht, wo man Gäste „werben" muß, wie etwa in Bildungsstätten. Nun ist zwar kulturell bedingt und insofern eine Frage der subjektiven Bewertung, was man als schön und angenehm empfindet und was nicht. Aber Makarenkos Einsicht, daß es ohne weiße Tischtücher keine Tischmanieren geben kann, gilt im Prinzip noch immer. „Vergammelte" Räume, wie wir sie oft in pädagogischen Einrichtungen finden, provozieren geradezu Flegelhaftigkeit. Zwar sollte sich jeder Pädagoge auch kleiden dürfen, wie er sich wohlfühlt, andererseits gibt es aber auch so etwas wie rücksichtslose Schlampigkeit. Aber über Geschmack läßt sich bekanntlich schlecht streiten.

Sehen wir einmal vom Fall des methodischen Arrangements im Unterricht ab und nehmen den außerschulischen Bereich in den Blick, dann zeigt sich, wie schwierig diese Handlungsform ist. Die *diagnostischen* Möglichkeiten, die man hier hat — welche Inszenierung paßt zu welcher Gruppe — sind teilweise sehr gering, und Erkenntnisse ergeben sich oft nur aus Versuch und Irrtum, durch schlichtes Ausprobieren und Reflexion der Ergebnisse bzw. Reaktionen. Dies wiederum macht gerade einen besonderen Reiz aus, weil es Experimentierfreude nicht nur fördern, sondern auch begründen kann. Nicht selten macht man die Erfahrung, daß etwas, was bei der einen Gruppe erfolgreich war, bei der anderen scheitert, ohne daß sich die Gründe dafür so recht ermitteln lassen. Arrangements lassen sich natürlich auch korrigieren, wobei die Wünsche und Rückmeldungen der Partner wichtig sind; denn insofern die Partner die Ziele selbst setzen sollen, ist das Kriterium für die *Prüfung* des Erfolges letzten Endes deren Zufriedenheit.

„Zufriedenheit" als Maßstab gelungenen pädagogischen Handelns ruft uns noch einmal in Erinnerung, daß pädagogisches Handeln immer nur einen Teilaspekt eines jeweiligen Lebenszusammenhangs trifft. Weder Kinder noch Erwachsene können und wollen unentwegt lernen, schon gar nicht planmäßig nach dem Willen eines Pädagogen. Im ganzen außerschulischen Bereich haben wir es in erster Linie mit Formen des Zusammenlebens zu tun, in denen pädagogisches Handeln nur eine unter mehreren Möglichkeiten des sozialen Handelns sein kann. In einem Ferienlager zum Beispiel kann der Pädagoge nicht unentwegt pädagogisch handeln, er muß sich auch gesellig verhalten können und zur allgemeinen Unterhaltung beitragen, — ohne pädagogische Hintergedanken. Nicht alles, was ein Pädagoge in einem Ferienlager macht, ist „pädagogisches Handeln". (Das gilt sogar, wenn auch in engerem Maße, für die Schule.) Das gilt erst recht, wenn es sich zum Beispiel um kulturelle Arbeit mit Erwachsenen oder mit alten Menschen handelt. Die können und wollen nicht unentwegt planmäßig lernen. Gerade deshalb ist die Handlungsform Arrangieren so wichtig für die außerschulische pädagogische Arbeit, weil sie das pädagogische Handeln auf die Herstellung von Bedingungen und Möglichkeiten konzentrieren kann, so daß den Partnern überlassen wird, ob und was sie lernen wollen, oder ob sie sich lediglich unterhalten (lassen) wollen. Deshalb ist — abgesehen vom schulischen Arrangement — „Zufriedenheit" hier die letztlich entscheidende Kategorie.

Wie die Schulbeispiele schon zeigten, beziehe ich auch das in die Handlungsform „Arrangieren" ein, was gemeinhin „Methodik" genannt wird. Insofern ist Arrangieren keineswegs nur in der Freizeitpädagogik eine bedeutsame pädagogische Handlungsform, sondern auch für die Schule, ja, bei Licht besehen ist keine pädagogische Handlung denkbar, bei der nicht irgendetwas arrangiert würde in dem Sinne, daß man eine möglichst optimale Lernsituation schaffen will. Im Schulunterricht sind zum Beispiel das Anschreiben an die Tafel, das Ausgeben von Texten, die Sitzordnung, der Einsatz von Medien und vieles andere Arrangements, die den Unterrichtszielen zugute kommen sollen. Ähnlich bei den anderen Handlungsformen: Wer eine Information geben will, muß zunächst einmal die Aufmerksamkeit auf sich lenken, wer beraten will, muß eine entsprechende Situation arrangieren, ebenso, wer zu etwas animieren will. Es gibt — nicht nur unter unseren pädagogischen Klassikern — Meister des Arrangements.

Animieren

Richtet sich Arrangieren auf die *Herstellung* von Lernsituationen, so ist Animieren der Versuch, andere dazu zu bewegen, in einer *gegebenen* Situation mögliche Lernchancen auch zu nutzen. Beide Handlungsformen bedingen in der Praxis oft einander: Eine Situation wird arrangiert, danach wird zu etwas animiert. In diesen Kombinationen spielen beide Handlungsformen in der außerschulischen Pädagogik eine wichtige Rolle. Der Begriff „Animieren" hat sich in letzter Zeit in der sogenannten „Freizeitpädagogik" durchgesetzt, allerdings mit einem erheblich größeren Bedeutungsumfang, als er hier verwendet wird. Bei Opaschowski zum Beispiel ist damit nicht eine Handlungs*form* gemeint, sondern eine Handlungs*kompetenz* für die freizeit- und kulturpädagogische Arbeit überhaupt.

„Animation — ein Schlüsselbegriff im Freizeit-, Kultur- und Bildungsbereich — bezeichnet eine neue Handlungskompetenz der nicht-direktiven Motivierung, Anregung und Förderung in offenen Situationsfeldern. Animation ermöglicht Kommunikation, setzt Kreativität frei, fördert die Gruppenbildung und erleichtert die Teilnahme am kulturellen Leben" (S. 47).

In diesem Verständnis könnten also auch die anderen pädagogischen Handlungsformen eine Rolle spielen, wenn sie dem Ziel der Animation dienen. Der Begriff ist vom französischen Wort „Animateur" übernommen, womit in diesem Zusammenhang die Programmgestalter und Betreuer in Ferienlagern gemeint sind. Nun ist dies eine professionelle oder semiprofessionelle (nebenamtliche) pädagogische Tätigkeit wie andere auch, und insofern gilt für Animateure, was für Mitarbeiter in Ferienmaßnahmen bei uns auch gilt: sie können nicht nur pädagogisch handeln, sondern werden auch andere soziale Handlungsformen praktizieren müssen. Ich benutze diesen Begriff also nicht im Sinne einer regulativen Idee für freizeitpädagogisches Handeln überhaupt; sondern im engeren Sinne für eine bestimmte Handlungsform.

Ferner ist der Begriff „Animateur" bzw. „Animieren" auch im kommerziellen Tourismus üblich geworden. Er meint dort insbesondere das Bemühen, die Urlauber zu für sie neuen Erlebnissen und Erfahrungen in verschiedener Hinsicht zu ermutigen, also etwas Neues zu lernen. Andererseits ist mit diesem Begriff auch verbunden, die Urlauber zu amüsieren, sie „bei Laune zu halten".

Dieser Aspekt des *geselligen Handelns* im kommerziellen Tourismus ist natürlich nicht unumstritten — ähnlich wie beim Begriff des „Animiermädchens" — er ist aber auch in unserem Zusammenhang von erheblicher Bedeutung.

Überall dort, wo Pädagogen mit ihren Partnern längere Zeit zusammenleben, wie in einem Internat, einer Bildungsstätte, einem Ferienlager, einem SOS-Kinderdorf usw., müssen sie zumindest gelegentlich auch „gesellig" handeln. Dazu kann — je nach persönlichem Temperament — auch gehören, ähnlich wie im Tourismus „die Leute in Stimmung zu bringen". Nun trägt aber Geselligkeit ihren Wert in sich, sie kann nicht pädagogisiert, also in irgend einer Weise „verbessert" werden, ohne daß sie aufhören würde, Geselligkeit zu sein, deren Erfolgskriterium nur das Gefühl von Spaß, Freude und Wohlbefinden der Beteiligten sein kann. Insofern ist eine *gesellige* Situation das genaue Gegenteil einer *pädagogischen*. Man ist nicht gesellig, um irgend etwas zu lernen, schon gar nicht planmäßig, sondern gerade hier möchte man so sein können, wie man ist, und dies möchte man gerade auskosten. Aus dem Gefühl der Beteiligten weist nichts über die Situation der Gesellung hinaus, — keine Intentionen, keine Motive, keine Zwecke. Zwar kann man Formen des geselligen Verhaltens lernen — z. B. in der Tanzschule — aber die Situation, in der man das lernt, ist selbst keine gesellige, auch wenn es Spaß macht. Es ist ja nicht verboten, beim Lernen Spaß zu haben.

Andererseits können die *Veranstalter* von Geselligkeit damit durchaus eigene Zwecke verbinden. Im kommerziellen Bereich ist das unübersehbar, dort veranstaltet niemand Geselligkeit, ohne damit nicht in irgend einer Weise die Absicht des Verdienens oder der Werbung — also der Hoffnung auf *späteres* Verdienen — zu verbinden.

Aber es kann auch *pädagogische* Gründe geben, Geselligkeiten zu veranstalten, also — in unserer Terminologie — zu „arrangieren", und zwar aus verschiedenen Gründen.

Im Privatleben kann man sich die Menschen aussuchen, mit denen man gesellig sein will. Das gilt auch für Kinder: schon früh suchen sie sich Freunde, mit denen sie spielen. In der Öffentlichkeit jedoch — und wo professionelle Pädagogen tätig sind, da ist Öffentlichkeit — kann man sich im allgemeinen die anderen nicht aussuchen; man muß also die soziale Fähigkeit lernen, trotzdem mit solchen anderen gesellig sein zu können. Ferner muß man lernen, daß zur Geselligkeit auch eine „gemeinsame Sache" gehört — Gesprächsthemen, Spiele, Tänze. Nun kann man bei Kindern beobachten, daß sie dies noch nicht können; um in einer größeren Gruppe das der gelungenen Geselligkeit entspringende Gefühl von Spaß und Harmonie erleben zu können, brauchen sie den erwachsenen Pädagogen, der sie zum Beispiel vor dem gruppendynamischen Chaos schützt und der mit ihnen Spiele organisiert.

Andererseits wird Geselligkeit in pädagogischen Feldern arrangiert mit dem Ziel, die Fremdheit der Beteiligten zu überwinden. Man soll sich persönlich näher kennenlernen, menschliche Barrieren überwinden, um der geplanten pädagogischen Arbeit offener und zugewandter gegenüberzustehen. Gerade im außerschulischen Bereich ist das Bedürfnis, Partner für Geselligkeit zu finden, oft ein Hauptmotiv für die Teilnahme an pädagogischen Veranstaltungen.

Drittens schließlich werden pädagogisch planmäßig Geselligkeiten arrangiert, weil man sich davon Lernprozesse verspricht, die der Pädagoge zwar nicht im einzelnen intendieren kann, die aber aufgrund der Gesamtsituation nicht ohne Grund vermutet werden können. Jeder Tagungsleiter zum Beispiel weiß, wie wichtig für den Erfolg seiner Arbeit die informellen Zeiten sind, die Abende etwa, wenn die Teilnehmer sich in einem möglichst gemütlichen Raum zusammenfinden können, um dort Gespräche zu führen über sich selbst oder über die Sache, deretwegen sie zusammengekommen sind. Oft bietet das offizielle Programm nur gleichsam das Futter, das dann in solchen informellen geselligen Situationen erst richtig verdaut wird.

So viel zur Animation als *geselliger* Handlungsform. Als *pädagogische* Handlungsform zielt sie auf die *Initiation* von Lernprozessen in einer gegebenen Situation. Es geht also darum, andere dazu zu bewegen, sich auf etwas einzulassen, was sie ohne einen solchen Anstoß vermutlich nicht tun würden — sei es, daß sie zu ängstlich sind, sei es, daß sie zunächst kein Interesse daran haben. Auf diese

Weise werden Menschen auch für ein Lernangebot geworben. Darauf ist insbesondere die Freizeitpädagogik angewiesen, weil sie ja — anders als die Schule — im Wettbewerb mit anderen Freizeitanbietern steht, und die Menschen *freiwillig* kommen. Um diese für ihre Angebote zu werben, verfolgt sie insbesondere folgende Strategien:

a) Das, was die Menschen sowieso tun, aufgreifen, erweitern und differenzieren. Im allgemeinen spielen die Menschen gerne, also kann man ihnen neue, z.B. Intelligenz und Witz herausfordernde Spiele nahebringen. Oder: Junge Leute hören gerne Pop- bzw. Rockmusik, also kann man ihre Aufmerksamkeit etwa auf deren Texte lenken und vielleicht Nachdenklichkeit gegenüber solchen erwecken, die z.B. fremdenfeindlich wirken könnten. Oder man kann das Interesse an einer bestimmten U-Musik auf Beispiele von E-Musik richten.

b) Das, was die Menschen nicht sowieso tun, aber vielleicht einmal ausprobieren möchten, ihnen nahebringen. So kann man Jugendlichen, die mit Literatur oder überhaupt mit anspruchsvolleren Texten wenig im Sinn haben, für eine Theateraufführung gewinnen oder für eine Jugendbuch-Lesung.

c) Eigenaktivität fördern, um passives Konsumieren zu korrigieren oder überhaupt bisher unentwickelte Fähigkeiten handwerklicher, künstlerischer oder kommunikativer Art zu entfalten.

Aber nicht nur die Freizeitpädagogik kann mit derartigen Initiationen aufwarten. In der Schule wählt der Lehrer für eine Unterrichts-Sequenz einen überraschenden Einstieg; in einem Ferienlager beginnt der Leiter eine Information mit ironischen Hinweisen auf ein gemeinsames Erlebnis am Vortag. Oder eine Beratung beginnt damit, daß der Ratgeber den Ratsuchenden ausführlich von sich erzählen läßt, was niemand bisher so recht von ihm hören wollte.

Lernprozesse zu animieren, sie also erst einmal in Gang zu setzen, ist gar nicht so einfach, wie jeder Fachmann weiß. Meist spricht man in diesem Zusammenhang von „Motivieren".

„Motivieren" heißt ja, jemanden dazu zu bewegen, etwas von außen Erwartetes zu tun, oder etwas, was ihm selbst einfällt, was ihm Freude macht oder nützlich erscheint. Genau dies meint das Wort animieren auch, aber es unterstellt nicht, daß man dies *planmäßig* könne. Die Motivationstheorien streben einen Erkenntnisstand an, der dazu führen soll, daß man jemanden *planmäßig* zu etwas bestimmtem bewegen kann, wenn man nur lerne, *wie* man es richtig mache. Der von der Psychologie benützte Begriff der Motivierung enthält einen *technischen* Anspruch, im Sinne einer Zweck-Mittel-Relation: wenn ich den anderen zu etwas bewegen will, muß ich dies oder jenes tun bzw. arrangieren.

Ich halte diese Erwartung für prinzipiell uneinlösbar — und deshalb ziehe ich den Begriff „Animieren" vor — weil einmal die inneren Potentiale, die auf planmäßige Motivierung ansprechen könnten, individuell unterschiedlich und im allgemeinen unbekannt sind und weil andererseits die Potentiale auch durch sozio-kulturelle Entwicklungen mit verändert werden. Die Motivationspsychologie müßte also historisch unabhängige Gesetze finden können, nach denen sich planmäßige Motivierungen gestalten ließen, und das ist höchst unwahrscheinlich. Demgegenüber ist der Begriff „Animation" — wie seine Herkunft aus dem Freizeitbereich schon vermuten läßt — viel pragmatischer gedacht; er setzt mehr auf Probieren und Korrigieren und auf den Wert von Erfahrungen. In der Praxis zeigt sich hier das schon einmal erwähnte Dilemma: Die wissenschaftlichen Forschungsergebnisse über die menschliche Motivation haben immer nur einen statistischen Wert, — abgesehen davon, daß sie sich — wie es sich für eine Wissenschaft gehört — in wichtigen Punkten widersprechen. Es ist ähnlich wie bei der Versicherungsmathematik: Man weiß zwar ziemlich genau, wie viele Menschen pro Jahr sterben, aber man weiß nicht im voraus, wen es trifft. Es bleibt also immer unklar, inwieweit die wissenschaftlichen Ergebnisse gerade für diejenigen Partner zutreffen, mit denen der Pädagoge jeweils umgeht. Der handelnde Pädagoge kann immer nur mit den Motiven rechnen, die seine Partner jeweils haben, und wenn er geschickt ist, unterdrückt er sie nicht, und wenn er noch geschickter ist, dann kann er sie in Bewegung setzen, indem er animiert. Die eben erwähnte Statistik gilt übrigens auch hier. Selten kommt es vor, daß eine Gruppe von Menschen gleichmäßig zu etwas animiert werden kann, aber oft werden andere von denen dann mitgerissen, deren Motivation mobilisiert werden konnte.

Über die Techniken des Animierens läßt sich allgemein wenig sagen. Erfahrungsgemäß spielt hier die Persönlichkeit des Pädagogen eine entscheidende Rolle; der eine Lehrer kann durch eine kleine ironische Zwischenbemerkung eine müde gewordene Klasse wieder auf Trab bringen, ein anderer bereitet einen gut durchdachten Einstieg vor, denkt sich vorher für die Ermüdungsphase weitere Ideen aus, die die Schüler eigentlich interessieren müßten – und scheitert doch immer wieder. Da Animieren sich an die Motive der Partner und damit an wichtige Bezirke ihrer Persönlichkeit richtet, wird vermutlich bloße pädagogische Technik teils bewußt, teils unbewußt zurückgewiesen. Ohne persönliche Glaubwürdigkeit wird Animieren schwierig.

Vor allem im außerschulischen Bereich hat Animieren nicht nur die Bedeutung der Werbung für das eigene Konzept, sondern kann sich auch auf die Partizipation am kulturellen Leben im allgemeinen richten. In einem Altersheim zum Beispiel kann es darum gehen, die Menschen zum Besuch von Theater und Konzerten zu animieren, wobei hier unter Umständen nicht nur für die *Sache* geworben werden muß, sondern auch Ängste überwunden werden müssen, – etwa weil man sich zu gebrechlich fühlt oder unsicher im Hinblick auf die angemessene Garderobe ist. Auch für die Jugendarbeit ist es eine wichtige Aufgabe, zur Teilnahme am kulturellen Leben zu ermuntern. Während der Pädagoge im ersten Fall – Animation für die eigene Sache – fachlich kompetent sein muß, ist dies im zweiten Fall nicht unbedingt nötig. Hier genügt das eigene, glaubwürdige, wenn auch laienhafte Interesse an der Sache.

Bei den beiden zuletzt genannten Handlungsformen – Arrangieren und Animieren – wird die Grenze zum kommerziellen Handeln fließend, zum Beispiel zu den Tätigkeiten „Werben" und „Verkaufen". Das drückt sich auch aus in dem im freizeitpädagogischen Bereich üblichen Jargon: Ein Jugendverband „wirbt" zum Beispiel für eine öffentliche Veranstaltung; hat diese dann Erfolg, so hat sich der Veranstalter „gut verkauft". Die Nähe des pädagogischen Handelns zum Kommerziellen hat einen einfachen Grund: Alle pädagogischen Angebote im Freizeitbereich unterliegen einer harten Konkurrenz nicht nur untereinander, sondern vor allem auch im Hinblick auf die Fülle der kommerziellen Alternativangebote. Die Pädagogik muß hier sozusagen „auf den Markt gehen". Diese Tatsache hat weitreichende Konsequenzen. Während nämlich die Pflichtschule, die immer noch im Zentrum des erziehungswissenschaftlichen Denkens steht, einer derartigen Konkurrenz nicht unterliegt, weil die Schüler ja auf jeden Fall erscheinen müssen, müssen im außerschulischen Bereich die Partner *geworben* werden, da sie hier *freiwillig* kommen und sozusagen „mit den Füßen abstimmen" können.

Animieren kann also einmal der Situation verhaftet bleiben, wenn zum Beispiel während eines geselligen Abends Spiele inszeniert und die Anwesenden zum Mitmachen ermuntert werden. Zum anderen kann das Ziel jenseits der aktuellen Situation liegen, wenn etwa zum Besuch eines Konzertes oder zur Bildung einer Arbeitsgemeinschaft „motiviert" wird. Damit ist noch einmal ein *allgemeines* Problem pädagogischen Handelns angesprochen. Einerseits nämlich ist es gebunden an konkrete, aktuelle Situationen. Nur in solchen face-to-face-Situationen kann pädagogisch gehandelt werden. Andererseits aber soll in diesen Situationen etwas gelernt werden, was über sie hinausweist, auf das normale Alltagsleben der Menschen hin. Nur was in Situationen des Alltags wenn auch modifiziert *ohne Pädagogen* praktizierbar ist, lohnt sich auch zu lernen.

Das hört sich selbstverständlich an, hat aber seine Tücken. In den 70er Jahren war es zum Beispiel in der Jugendarbeit zur Mode geworden, alles „kritisch zu hinterfragen". Für die Pädagogen war das weiter kein Problem, weil dies ja Bestandteil ihres Berufsalltags war. Für die jungen Teilnehmer sah das anders aus, für sie war die pädagogische

Situation eine Ausnahme. In *ihrem* Alltag gab es kaum Situationen, in denen eine solche Totalkritik möglich war bzw. soziale Resonanz erlangen konnte. Etwas übertrieben könnte man sagen: Hier lernten die Teilnehmer nur, in einer bestimmten Situation (z.B. in einer Bildungsstätte) mit einem bestimmten Typ von Pädagogen zu diskutieren.

Ähnliches wird aus der NS-Zeit berichtet. Die Nazis wollten von der „Lagererziehung" her die Gesellschaft umgestalten. Wer aber länger diese Lagererziehung über sich ergehen ließ, wurde eher weltfremd, weil er sich dann im komplexen, nach ganz anderen Maßstäben organisierten Alltag — schließlich war Deutschland damals auch schon eine Industriegesellschaft — nicht mehr zurecht fand. Der alte Appell: „Nicht für die Schule, sondern für das Leben lernen wir", markiert in der Tat ein Dilemma des pädagogischen Handelns: Der Pädagoge ist beruflich gebunden an sein pädagogisches Feld und dessen pädagogische Situationen; das ist sozusagen sein „Betrieb". Aber was er dort mit seinen Partnern macht, muß außerhalb dieses Feldes anwendbar und kommunizierbar sein. Unter diesem Gesichtspunkt lassen sich die pädagogischen Handlungsformen noch einmal neu beurteilen: Offensichtlich müssen sie so gestaltet werden, daß sie in der Lernsituation selbst als befriedigend erlebt werden können, aber auch eine darüber hinausgehende Perspektive erkennen lassen.

Wenn wir nun die verschiedenen Handlungsformen noch einmal Revue passieren lassen, dann zeigt sich, daß pädagogisches Handeln als planmäßige Lernhilfe in verschiedenen Formen erfolgt, die sich insbesondere im Hinblick auf die *Zielkompetenz* unterscheiden. Lediglich beim Unterrichten und Informieren liegt die Zielkompetenz zumindest überwiegend beim Pädagogen, bei den anderen Handlungsformen überwiegend bei den Partnern. Die *Sachkompetenz* dagegen muß in jedem Fall überwiegend beim professionellen Pädagogen liegen, sonst kann man von ihm nichts lernen. Wenn wir nun die bisher beschriebenen pädagogischen Handlungsformen noch einmal überblicken, dann stellt sich heraus, daß sie keineswegs jeweils einem pädagogischen Teilberuf zuzuordnen sind, sondern daß sie alle in jedem pädagogischen Beruf von mehr oder weniger großer Bedeutung sind, *gemeinsam also die pädagogische Profession fundieren.*

Allerdings zeigen sich auch verschiedene Akzente, je nachdem, um welchen pädagogischen Beruf es sich handelt. Unterrichten steht im Vordergrund bei Lehrern und Hochschullehrern und in abgeschwächter Form auch noch bei Jugend- und Erwachsenenbildungsdozenten im außerschulischen Bereich. Arrangieren und Animieren spielen dagegen im außerschulischen Bereich eine herausragende Rolle. Aber wer unterrichtet, muß auch informieren, beraten, arrangieren und animieren können.

5 Die professionelle „pädagogische Beziehung"

Da pädagogisches Handeln in sozialer Unmittelbarkeit erfolgt, ergibt sich eine eigentümliche menschliche Beziehungsstruktur, die als „pädagogischer Bezug", „pädagogisches Verhältnis" oder „pädagogische Interaktion" bezeichnet wird, wobei die unterschiedlichen Bezeichnungen unterschiedliche Aspekte dieses menschlichen Verhältnisses betonen. Ich will hier den Begriff „pädagogische Beziehung" verwenden, weil er noch am wenigsten festgelegt ist.

Nur auf den ersten Blick kann es überraschen, daß wir gegenwärtig keine auch nur halbwegs befriedigende Theorie der *professionellen* pädagogischen Beziehung haben, obwohl die Literatur darüber durchaus umfangreich genug wäre; denn schließlich gehört die eigentümliche menschliche Beziehung zwischen Erzieher und Zuerziehendem zu den fundamentalen Tatbeständen des pädagogischen Handelns und Nachdenkens.

Die Gründe für diesen Mangel liegen jedoch auf der Hand.

1. Solange der Begriff „Erziehung" im Mittelpunkt des pädagogischen Denkens stand, war damit folgerichtig verbunden der Gedanke einer *umfassenden* menschlichen Beziehung, sozusagen von „Persönlichkeit zu Persönlichkeit" — von einer „reifen" zu einer „noch nicht reifen" — weil es ja darum gehen mußte, *im ganzen* auf den Zögling einzuwirken. In der modernen gesellschaftlichen Realität sind derartige Beziehungen jedoch nur in Familien oder allenfalls noch in ähnlich integrierten Kleingruppen zum Beispiel von Gleichaltrigen möglich. Seit Pestalozzis „Stanser Brief" gilt aber die familiäre bzw. familienanaloge Beziehungsstruktur als *die* Grundlage der pädagogischen Beziehung überhaupt. Eine Alternative dazu gab es erst

112

mit Makarenkos Kollektiverziehung sowie mit den reformpädagogischen – einschließlich sozialistischen – Versuchen, die Gleichaltrigengruppe als „Erziehungsgemeinschaft" unter Einschluß der erwachsenen Erzieher zu begreifen. Das Familien-Modell als Grundlage jeder pädagogischen Beziehung mit Unmündigen war über Jahrzehnte so beherrschend, daß es auch außerhalb pädagogischer Felder seine Wirkung hatte, zum Beispiel im Bereich der Berufsausbildung und des Militärs, wo es als Gipfel des pädagogischen Formats galt, wenn der Meister oder Vorgesetzte nicht nur dienstlich streng, sondern auch „väterlich" mit seinen Untergebenen umging.

Pestalozzi in Stans befand sich dabei noch auf der Höhe seiner Zeit, insofern ein anderes Sozialmodell als das familiäre für seinen Umgang mit den verwahrlosten Kindern damals gar nicht zur Verfügung stand; die gesellschaftliche Ausdifferenzierung der Familie wie überhaupt die Ausdifferenzierung zwischen öffentlichem und privatem Leben hatte noch kaum begonnen, – wo ein Kind sein Dach über dem Kopf und sein täglich Brot bekam, da war auch seine „Familie". Insofern haftete Pestalozzis Idee, daß er der „Vater" der Kinder sei und die Kinder untereinander sich wie Geschwister verhalten sollten, noch nichts Ideologisches an. Je mehr jedoch der Prozeß der gesellschaftlichen Ausdifferenzierung sich vollzog, um so ideologischer – weil nicht mehr mit der gesellschaftlichen Realität übereinstimmend – und normativ verfestigter wurde das Familienmodell als Grundmodell der pädagogischen Beziehung. Noch Nohl's „Pädagogischer Bezug" verrät diese familistische Herkunft.

Im Rahmen des umfassenden Begriffs von Erziehung einerseits und des damit verbundenen Familienmodells für die pädagogische Beziehung andererseits war kein Raum, das besondere der pädagogischen *Professionalität* überhaupt zu denken. Erst wenn man den umfassenden Anspruch von Erziehung partikularisiert, wie ich es mit dem Begriff des „Lernens" und des „Lernhelfers" versuche, wird der Weg frei, die Spezifika der pädagogischen Professionalität zu bestimmen, weil jede moderne Professionalität durch ihre je besondere, arbeitsteilige Partikularität (der Handlungsrichtung; der institutionellen Verortung;

der Erwartungen und Motive usw.) bestimmt ist. „Ganzheitlicher" Anspruch und Professionalität schließen sich aus. Deshalb kann das Familienleben nicht professionalisiert, aber umgekehrt die öffentliche pädagogische Professionalität auch nicht familistisch verstanden werden.

2. Aber auch die in den zwanziger Jahren entstandene Alternative zum Familienmodell, die „Erziehungsgemeinschaft" von Unmündigen und Erwachsenen, ist historisch hinfällig geworden als Modell für die professionelle pädagogische Beziehung. Sie hatte – wie das Familienmodell auch – zur Voraussetzung, daß zumindest alle bedeutsamen Erziehungs- bzw. Sozialisationseinflüsse in der geschlossenen Gesellschaft der „Erziehungsgemeinschaft" kanalisiert, interpretiert und erzieherisch umgesetzt werden konnten. Spätestens seit der Verbreitung des Fernsehens und der Vermarktung der kindlichen und jugendlichen Lebenswelt kann davon keine Rede mehr sein.

Dennoch führt von diesem Beziehungsmodell ein Weg weiter, nämlich insofern, als überall dort, wo ein Aufwachsen im Rahmen einer Familie nicht möglich ist, die Lebensgemeinschaft der Kinder und Jugendlichen unter pädagogisch-professioneller Anleitung und Hilfe als die einzige Alternative erscheint. Aber die Erwachsenen, die dieses Aufwachsen begleiten, sind professionell tätig und werden dafür bezahlt – auch wenn sie sich wie im SOS-Kinderdorf am Zusammenleben rund um die Uhr beteiligen.

3. Die Unsicherheit über die professionelle pädagogische Beziehung ist gerade in den letzten Jahrzehnten durch psychologische und psychoanalytische Vorstellungen verstärkt worden, die die *Unmittelbarkeit* der menschlichen Beziehungen zu ihrem Hauptthema gemacht haben, und zwar so, daß sie dabei zwischen privaten und öffentlichen Beziehungen kaum noch unterscheiden. Das gilt auch für die sogenannten „interaktionistischen" Modelle, die eine solche Unterscheidung ebenfalls nicht geltend machen, also zum Beispiel nicht zwischen Familie (privat) und Schule (öffentlich) trennen. Auf den ersten Blick scheint es so, als ob dabei das Familienmodell wieder aufgegriffen worden sei. Aber das trifft nicht zu. Dafür fehlt diesen

114

Vorstellungen die soziale und normative Verbindlichkeit. Die menschlichen Beziehungen sind hier eher zum Selbstzweck geworden, sie werden eher wie eine Art von Konsumgut betrachtet, das man jederzeit gegen ein besseres auszutauschen das Recht habe.

Vielleicht ist es kein Zufall, daß diese Vorstellungen gerade unter Pädagogen eine solche Verbreitung gefunden haben; denn sie vermögen einerseits die alten, umfassenden Erziehungsansprüche fortzuführen, ohne dabei als unmodern — nämlich familistisch — zu erscheinen, und andererseits der Frage nach der partikularen Professionalität auszuweichen; denn genausowenig wie im Familienmodell ist in diesen Vorstellungen pädagogische Professionalität und damit eine entsprechende pädagogische Beziehung zu verankern.

4. Die fehlende soziale Differenzierung zwischen privater Beziehung in der Familie und den Einrichtungen der öffentlichen Erziehung und damit auch im Hinblick auf die Qualität der pädagogischen Beziehung wurde durch ein hohes Pathos kompensiert, das sich auf die besondere menschliche Qualität der Erziehungsberufe berief, angesichts derer solche äußeren Merkmale wie Besoldung zweitrangig erscheinen konnten. Nun ist zwar richtig, daß es immer wieder solche herausragenden pädagogischen Persönlichkeiten gibt, aber wir können nicht von ihnen bzw. von deren Idealisierung her uns ein Bild von der pädagogischen Beziehung machen. Wir müssen vielmehr diejenigen in den Blick nehmen, die „nur" einer gewissen Durchschnittserwartung entsprechen. Charisma läßt sich nicht auf Serie legen.

5. Der Begriff „pädagogischer Bezug" bzw. die einschlägigen begrifflichen Varianten bezogen sich traditionell immer auf das Verhältnis von Erwachsenen zu Kindern bzw. zu Unmündigen. Tatsächlich jedoch ist dies inzwischen zu einem Sonderfall für die pädagogische Profession geworden. Es gibt zwar keine „Erwachsenenerziehung", aber über den Begriff der „Bildung" (Erwachsenenbildung; Seniorenbildung; Fortbildung; Bildungsurlaub) sind die Generationen sich näher gekommen: es gibt inzwischen nicht nur einen professionellen pädagogischen

Umgang mit Unmündigen, sondern auch mit Mündigen, und Reflexionen über die professionelle pädagogische Beziehung müssen dieser Tatsache Rechnung tragen.

Wie also läßt sich heute die professionelle pädagogische Beziehung einigermaßen realistisch beschreiben, also so, daß möglichst *jeder* professionelle Pädagoge daran sich orientieren kann?

Sehen wir einmal von der Familie ab, deren Mitglieder ja einander in ihrer umfassenden Menschlichkeit zugetan sind beziehungsweise sein sollten, so ist die pädagogische Beziehung *partikular*, das heißt sie dient einem bestimmten Zweck, nämlich Lernen zu ermöglichen. Das muß betont werden gegenüber jener Formulierung des pädagogischen Verhältnisses etwa bei Herman Nohl, die im Grunde die enge familiäre Bindung verallgemeinerte. Das aber ist für eine pädagogische Professionalität weder zweckmäßig noch auch menschlich durchzuhalten. Zudem ist es nicht glaubwürdig, weil persönlich verbindliche, relativ intime Beziehungen außerhalb der Familie *wählbar* sein müssen, ein professioneller Pädagoge aber die Kinder und Jugendlichen oder Erwachsenen, mit denen er zu arbeiten hat, nicht nach persönlichen Gesichtspunkten auswählen kann und umgekehrt die Kinder und Jugendlichen nicht ihre Pädagogen wählen können. Auch „Liebe" und „Freundschaft" sind deshalb keine geeigneten Bezeichnungen. Die pädagogische Beziehung außerhalb der Familie ist eine eher distanzierte, kulturell geformte; sie muß prinzipiell von jedem eingegangen werden können, der den ihr zugrunde liegenden Lernzweck anerkennt.

Wenn ein Pädagoge seine erwachsenen Partner wie „Freunde" behandelt, ist das schon deshalb abwegig, weil „Freunde" zur Privatsphäre gehören. Wenn Kinder einen Erwachsenen, zum Beispiel einen Lehrer, als ihren „Freund" betrachten, dann bringen sie damit eine besondere Wertschätzung zum Ausdruck, aber auch eine besondere Erwartung an Zugewandtheit. Wenn jedoch Erwachsene, zumal professionelle Pädagogen, ihre berufliche Beziehung zu Kindern als „Freundschaft" definieren, ist das nicht nur schon deshalb falsch, weil Freundschaft eine private Kategorie ist, sondern auch deshalb, weil Kinder die Erwartungen, die erwachsene Freunde aneinander richten, gar nicht erfüllen können. Das für Freundschaft charakteristische Verhältnis der Gleichrangigkeit und auch der persönlichen Intensität wäre mit Kindern gar nicht zu realisieren.

Die pädagogische Beziehung ist aber nicht nur partikular im Hinblick auf die gesamte Vielfalt menschlicher Beziehungsmöglichkeiten, sondern auch im Hinblick auf die Dauer. Im allgemeinen wird sie täglich wieder verlassen und durch andere menschliche Beziehungsstrukturen abgelöst: Das Schulkind geht zur Schule, kommt nach Hause, unternimmt etwas mit Freunden, geht abends in die Disco usw.

Begriffe, die relativ intime oder doch nahe menschliche Beziehungen ausdrücken wie „Liebe" oder „Freundschaft" sollten wir nicht als Bezeichnung für den professionellen pädagogischen Umgang wählen. Andererseits haben wir wenig Auswahl, weil die deutsche Sprache kaum Bezeichnungen für distanzierte soziale Beziehungen kennt. So scheint es mir am sinnvollsten, den Begriff der „Partnerschaft" wieder aufzugreifen, wie ihn F. Oetinger (=Theodor Wilhelm) vor mehr als 40 Jahren bei uns eingeführt hat, ohne daß ich hier in eine Erörterung eintreten will, inwieweit mein Begriff mit dem seinen wirklich identisch ist.

Eine partnerschaftliche Beziehung ist keine totale, sondern eine partielle, bezogen auf einen bestimmten gemeinsamen Zweck, auf ein gemeinsames Ziel; außerhalb dieses Zweckes sind die Partner wieder frei, um andere Beziehungen einzugehen. In diesem Zusammenhang ist der Zweck gemeinsames Lernen. Partner gehen im Prinzip emotional distanziert miteinander um, nach den Regeln der Höflichkeit, mit Respekt vor der Persönlichkeit und den Gefühlen des anderen, mit Toleranz gegenüber anderen Ansichten, Einstellungen und Meinungen. Partnerschaft unterstellt die *Gleichrangigkeit* der Beteiligten. Aber diese Gleichrangigkeit gilt nur für den Zweck der Partnerschaft, das gemeinsame Lernen, darüber hinaus gilt sie nicht oder jedenfalls nicht unbedingt. In diesem

Sinne kann sie auch für das Verhältnis von Erwachsenen und Kindern gelten, wenn wir „Lernen" als den Austausch von Erfahrungen definieren. In einer pädagogischen Situation treffen Menschen mit unterschiedlichen Erfahrungen aufeinander (z.B. zwanzig Schüler und ein Lehrer). Jeder bringt eine je eigentümliche Erfahrung in diese Kommunikation ein. Erfahrung wird hier verstanden als subjektiv sinnvoller, sprachlich mitteilbarer „Text" der bisherigen Lebensgeschichte. Dazu gehört alles, was die Persönlichkeit bisher konstituiert hat, was aber zum größten Teil von außen her nicht feststellbar oder empirisch beweisbar ist, was also überhaupt nur wahrnehmbar ist, insofern der Einzelne davon sprachlich Mitteilung geben kann. Zu nennen wäre unter anderem die Entwicklung der Triebe und Gefühle, der sozialen Beziehungen, der kognitiven Strukturen, die Art und Weise der Verarbeitung von Erlebnissen, von Glück und Unglück usw. Diese Aspekte der persönlichen Entwicklung interessieren in unserem Zusammenhang nicht im einzelnen, da es ja nur um das geht, was in einer pädagogischen Situation dem eigenen Bewußtsein gegenwärtig ist und als „sinnvoller Text" in der Lernkommunikation formuliert wird. Nur auf dieses sprachliche Handeln kann sich das Handeln der anderen beziehen, nur das ist offensichtlich gegeben. Planmäßiges Lernen im Sinne eines Austausches von Erfahrungen — der Stoff, den der Lehrer zum Beispiel lehren will, ist ja ebenfalls nichts anderes als ein Stück seiner Erfahrung, er hat ihn sich ja schließlich vorher angeeignet — ist also der Versuch, die jeweils vorhandene Erfahrung zu erweitern, zu präzisieren, umzustrukturieren, so daß eine Neuorganisation erfolgen und diese künftig auch im sprachlichen Handeln wieder zum Ausdruck gebracht werden kann. Pädagogisches Geschick besteht ja vor allem darin, etwas in den Erfahrungshorizont des anderen zu bringen, dort anzuknüpfen, wo wir beim anderen Erfahrung vermuten. Ohne Zusammenhang mit der bisherigen Erfahrung kann nichts gelernt werden.

Wird Erfahrung aber so verstanden, als subjektiv sinnvoller Text der bisherigen Lebensgeschichte, dann folgt daraus, daß keine Erfahrung ranghöher ist als eine andere, daß in diesem wichtigen Punkte also Gleichrangigkeit zwischen allen Lehrenden und Lernenden herrscht, weshalb unter diesem zentralen Gesichtspunkt der Begriff „Partnerschaft" seine Berechtigung hat, mögen sonst die Unterschiede des Wissens, des Alters, des Status usw. noch so groß sein.

Diese Gleichrangigkeit der Erfahrung im Sinne der bisherigen Lerngeschichte ist das Kernstück der pädagogischen Beziehung, aus ihr resultiert zunächst der Respekt vor dem anderen bisher gelebten Leben und damit auch der Respekt vor allem, was daraus folgt: Wille und Unwille zum Lernen, Zustimmung und Ablehnung gegenüber dem Lehrangebot (z.B. dem „Stoff"), sowie Meinungen und Ansichten.

Unter diesem Aspekt besteht auch eine Gleichrangigkeit zwischen Erwachsenen und Kindern. Die Erfahrungen von Kindern sind zum Teil anders als die von Erwachsenen, aber sie sind deshalb nicht wertloser, wohl sind sie offener und weniger abgeschlossen, weil Kinder ja auch wesentlich leichter lernen können als Erwachsene. Der *gleichberechtigte* Umgang der Pädagogen mit Kindern, wie er heute vielfach undifferenziert gefordert wird, kann also nicht *generell* gelten, sondern nur im Hinblick auf die Erfahrung; er erwächst auch nicht aus einem bloß moralischen Postulat oder aus einem gnädigen Zugeständnis des „fortschrittlichen" Pädagogen, sondern gleichsam aus der Sache der pädagogischen Beziehung selbst.

Respekt vor der Erfahrung des anderen kann *Vertrauen* begründen, aber nicht überhaupt und in jeder Hinsicht, sondern zunächst nur im Hinblick auf den gemeinsamen Zweck: Lernen. Vertrauen gilt hier nicht der ganzen Persönlichkeit des anderen, daß er zum Beispiel in jeder Hinsicht ein „guter Mensch" sei, sondern auch wieder nur partikular, zum Beispiel im Hinblick darauf, daß der andere ehrlich argumentiert, nicht täuschen will, auf seine Weise nach „Wahrheit" und „Richtigkeit" sucht. Im Rahmen eines so etablierten Vertrauens ist Überlegenheit, zum Beispiel die fachliche Überlegenheit des Lehrers, keine Bedrohung mehr, sondern gerade die besondere Chance zur Erweiterung der eigenen Erfahrung; denn die *Differenz* der Erfahrungen ermöglicht Lernen, nicht ihre Überein-

119

stimmung. Gerade weil die Differenz wichtig ist, muß aber das Vertrauen auch die *Kompetenz* des professionellen Pädagogen erfassen können. Übereinstimmende oder ähnliche Erfahrungen, wenn sie einem zum Austausch angeboten werden, kann man selbst überprüfen. Stark abweichende Erfahrungen, zum Beispiel das erheblich größere Wissen des Lehrers, kann man nicht selbst nachprüfen — jedenfalls zunächst einmal nicht — und deshalb setzt Lernbereitschaft hier Vertrauen in die Kompetenz voraus, das ja durch institutionelle Garantien — zum Beispiel der Schule oder Hochschule — nur zum Teil sich aufbauen kann. Vertrauen ist hier nicht als Verzicht auf Kritik gemeint, im Gegenteil: Das Ansinnen, durch Lernen an anderen Erfahrungen seine eigenen zu erweitern, kann und darf gar nicht unkritisch erfolgen, geht es doch immer um die Aufrechterhaltung des inneren Sinnes der eigenen bisherigen Erfahrung, und der kann von anderen — zum Beispiel vom Lehrer — nicht einfach mit übernommen werden, sondern bedarf der je subjektiven Integrationsleistung. Das Vertrauen muß den leitenden Ideen des pädagogischen Handelns gelten können, daß die pädagogische Kompetenz sich an „Wahrheit" und „Richtigkeit" orientiert, daß der Pädagoge nicht agitiert und indoktriniert oder sonst seine Partner überwältigt. Kommt eine solche, durch gegenseitigen Respekt und gegenseitiges Vertrauen bestimmte pädagogische Beziehung nicht zustande, droht pädagogisches Handeln zu scheitern.

Die Notwendigkeit des Vertrauens begrenzt auch die Handlungsmöglichkeiten. Pädagogische Inszenierungen, die dieses Vertrauen aufs Spiel setzen, sind problematisch. In den 70er Jahren war es in der außerschulischen Jugendbildung z.B. üblich, bestimmte methodische Arrangements zu treffen, die darauf hinausliefen, ein fraglos entgegengebrachtes Vertrauen fragwürdig zu machen. Man gab den Teilnehmern bzw. den Teilnehmergruppen zum Beispiel wiederholt sinnlose Arbeitsaufträge, in der Hoffnung, daß sie dies irgendwann erkennen und dagegen protestieren, also ihre anerzogene Autoritätsgläubigkeit auf diese Weise selbst entdecken würden. Entscheidend für die Beurteilung solcher Attacken auf das vorweg entgegengebrachte Vertrauen und die Vernünftigkeit der

120

pädagogischen Professionalität ist nicht, ob sich dies im Einzelfall hinterher wieder befriedigend aufklären läßt. Vielmehr droht die Gefahr, daß auf diese Weise die Vertrauenswürdigkeit des pädagogischen Handelns überhaupt in Frage gestellt wird, indem zum Beispiel in Zukunft ein Zweifel auftaucht, ob das, was der Pädagoge anbietet, nun „echt" ist oder ein „Trick".

Wenn auch die pädagogische Beziehung wegen ihres Zweckes eine partikulare ist, so treten die Partner sich doch in ihrer ganzen Persönlichkeit gegenüber. Das hat drei Konsequenzen: Einmal muß die ganze Persönlichkeit entsprechend gewürdigt werden. Das geschieht durch den erwähnten Respekt, der ihr zuteil wird; Respekt heißt nicht einfach, die Persönlichkeit des anderen interessenlos zur Kenntnis zu nehmen, sondern mit positivem Wohlwollen, mit Achtung zu würdigen, ohne ihr zu nahe zu treten. Das bedeutet umgekehrt, daß jemand Respekt nur erwarten kann, insoweit er mit dieser Distanz einverstanden ist.

Zweitens ist die pädagogische Beziehung wie jedes menschliche Verhältnis offen für Veränderungen, für Modifikationen. Es kann zerbrechen, wenn aus irgendeinem Grunde Vertrauen und Respekt schwinden oder die Verständigung über ihren Zweck scheitert. Dann kann — wie nicht selten in der Schule — Desinteresse oder gar Feindschaft die Beziehung bestimmen. Zu bedenken ist ja, daß in der Regel der Pädagoge mit mehreren Menschen gleichzeitig eine pädagogische Beziehung eingehen muß. Das aber ist nur möglich, wenn sie so viel Distanz aufweist, daß alle in ihr verbleiben können, ohne ihre Individualität aufgeben zu müssen. Je intimer eine menschliche Beziehung wird, um so mehr schließt sie bekanntlich andere davon aus. Gleichwohl ist zumindest in Einzelfällen die pädagogische Beziehung immer auch offen für Annäherungen: Ein Kind im Ferienlager hat Heimweh und lehnt sich an eine Betreuerin an, Ersatz für die Mutter suchend; ein Lehrer freundet sich mit Schülern an, ein Dozent mit Studenten, ein Sozialpädagoge verliebt sich in eine Besucherin „seines" Freizeitheimes usw. Solche Beziehungen haben ihre eigene Dignität und natürlich auch ihre eigene Problematik, aber sie überschreiten das pädagogische Verhältnis, können es möglicherweise auch gefährden. Im Unterschied zu den intimen Beziehungen wie Freundschaft und Liebe ist die pädagogische Beziehung immer auf ihre Auflösung angelegt: sie endet immer mit dem Ende ihres Zweckes, wozu auch gehört, daß je nach Ort oder Inhalt des Lernens eine neue pädagogische Beziehung eingegangen werden muß. Ist sie zu intim, wird der Austritt erschwert beziehungsweise mit unnötigen menschlichen Kosten verbunden.

Drittens schließlich kann der *rationale* Aspekt des Lernprozesses durch *emotionale* Ansprüche unterlaufen werden. Dies erwächst aus der erwähnten Tatsache, daß sich in der Lernkommunikation die Menschen jeweils mit ihrer ganzen bisherigen Lebenserfahrung begegnen, nicht nur mit der, die für den begrenzten Lernzweck – z.B. im Unterricht – abgefragt wird. Grundschulkinder z.B. müssen den Unterschied zwischen der ganzheitlichen Akzeptanz im Familienkreis und den partiellen Leistungsansprüchen in der Schule erst noch lernen. Ältere Jugendliche und erst recht Erwachsene müssen gelernt haben, ihre allgemeinen emotionalen Bedürfnisse auf einen begrenzten rationalen Zweck hin zu konzentrieren, weil sonst Lernfortschritte gar nicht zu erzielen wären, sondern die pädagogische Kommunikation sich immer wieder um die grundlegenden emotionalen Bedürfnisse herum im Kreise drehen würde.

Aus der Tatsache also, daß in jeder Kommunikation, auch in einer pädagogischen, sich die Menschen als ganze Persönlichkeiten gegenübertreten, kann nicht geschlossen werden, daß deshalb auch die didaktischen Arrangements entsprechend zu gestalten wären. Sonst würden wir die Bedürftigkeit von Grundschulkindern zum Maßstab für alle menschlichen Altersstufen machen. Vielmehr resultiert aus der Professionalität des Lehrers z.B., daß er die Schüler Zug um Zug zu einer angemessenen Partikularisierung ihrer Erwartungen und Bedürfnisse zu führen vermag. Unser gesellschaftliches Leben ist dringend darauf angewiesen, daß wir unsere Bedürftigkeit nicht allen Menschen an allen sozialen Orten entgegenbringen, sondern entsprechend den jeweiligen Situationen und Rollen differenzieren. Nicht überall kann Familie oder Freundschaft sein.

Das erwähnte nötige Vertrauen richtet sich auf die *Kompetenz* des Pädagogen. Ohne sie lohnt das Lernen nicht, steht also der Zweck der pädagogischen Beziehung in Frage und damit diese selbst. Aber Kompetenz reicht nicht, wenn sie nicht menschlich *authentisch* präsentiert wird. Ein Lehrer, den selbst nicht interessiert, was er unterrichtet, ein Heimerzieher, der „Gruppenpädagogik" betreibt, ohne selbst von ihrem Sinn überzeugt zu sein, ein Freizeitpädagoge, der Filme vorführt, nur um die Leute zu beschäftigen — sie alle handeln nicht authentisch, weil sie das Einbringen ihrer Erfahrung an einem wichtigen Punkt verweigern. Nun muß zum Beispiel einen Lehrer ja nicht alles gleich stark interessieren, was er unterrichten soll. Aber dann muß er gegebenenfalls sein geringes Interesse an der Sache erklären und begründen und insofern den Erfahrungsaustausch aufrechterhalten. „Authentizität" ist inzwischen fast zu einem Modewort in der pädagogischen Diskussion geworden. Vielfach wird es mit einem kulturkritischen Unterton verwendet, als sei es möglich und wünschenswert, auf diese Weise unsere Rollen und überhaupt die kulturelle Geformtheit unserer sozialen Beziehungen zu unterlaufen, uns also sozusagen überall in unserer bloßen Menschlichkeit zu begegnen.

„Authentizität" aber kann kein Gegenbegriff zur gesellschaftlichen Ausdifferenzierung sein, setzt diese vielmehr voraus. Ich meine damit die *persönliche Version,* die *persönliche Verbindlichkeit,* mit der wir unsere privaten wie öffentlichen Rollen gestalten. Die Partikularität der professionellen pädagogischen Beziehung, ihre kulturell geformte Distanz wird dadurch nicht außer Kraft gesetzt, sondern nur in besonderer Weise gestaltet, wie ich dies im Bild vom „Erfahrungsaustausch" beschrieben habe.

Da der Zweck des Lernens eine pädagogische Beziehung überhaupt erst begründet und rechtfertigt, braucht sie eine *gemeinsame Sache,* also irgendetwas, was die in die pädagogische Beziehungen Eingetretenen von und mit den Pädagogen lernen können. Die *Ansprüche,* die die Sache stellt, ob es sich nun dabei um einen Unterrichtsstoff, ein Spiel, ein Gesprächsthema oder eine Verhaltensweise handelt — muß der Pädagoge zur Geltung bringen. Das setzt eine hinreichende *kulturelle Kompetenz* voraus, also

Sachkunde und Sachverstand. Fehlt eine solche Kompetenz bzw. wird sie in der Beziehung nicht geltend gemacht, so kann es sich um alle möglichen Formen einer menschlichen Beziehung handeln, aber nicht um eine pädagogische. Dies ist deshalb zu betonen, weil in der letzten Zeit die menschliche Beziehungsebene oft verabsolutiert wurde, als reiche es aus, wenn der Pädagoge mit seinen Partnern irgendeine, möglichst harmonische und wohltuende Beziehung eingehe. Über die gemeinsame Sache muß ferner *Verständigung* erzielt werden; davon war schon die Rede. Allerdings darf die kulturelle Kompetenz dabei nicht vernachlässigt werden; sie kann im Prozeß der Verständigung nicht zur Disposition stehen. Wo Lernprozesse *freiwillig* eingegangen werden können, wie in der außerschulischen Jugendarbeit, muß man unter Umständen auf ein gezieltes Lernarrangement verzichten, wenn keine an den Sachen orientierte Verständigung möglich ist, und zum Beispiel sich auf eine lediglich gesellige Beziehung beschränken.

Da der Zweck eines pädagogischen Verhältnisses Lernen ermöglichen ist, erhebt sich die Frage, welche Verhaltensweisen des handelnden Pädagogen diesen Zweck zu *fördern* vermögen. Von wem lernt man gerne etwas, welches Verhalten findet man angenehm, welches weniger? Hier ist zunächst an das schon früher erwähnte „Klima" zu denken. Vermutlich würde jeder antworten, daß ihm Lernen in einer Atmosphäre am leichtesten falle, die sich etwa als eine gelungene Mischung von Freundlichkeit, Entspanntheit, Aufmerksamkeit und Humor charakterisieren läßt.

Ein solches „Klima" herzustellen gehört zweifellos zu den Aufgaben pädagogischer Professionalität. Das schließt ein — wie bei jeder anderen Profession auch — eine positive Berufsauffassung, also ein zugewandtes, freundliches, ja, optimistisches Auftreten. Die Partner in einer pädagogischen Beziehung sind zum Beispiel nicht dazu da, als Blitzableiter für Ärgernisse aus anderen Beziehungen zu fungieren; sie sind zuständig nur für Schwierigkeiten und Probleme, die aus der pädagogischen Beziehung selbst erwachsen.

In einer auf kultureller Kompetenz gegründeten Beziehung muß der Pädagoge die Initiative ergreifen. Es ist un-

professionell, die Initiativen ständig den Partnern zu überlassen, etwa unentwegt abzustimmen, ob man nun dieses
lieber wolle als jenes. Die Partner haben ein Recht darauf,
daß der Pädagoge zunächst einmal die Zügel in die Hand
nimmt und auf sein Ziel zusteuert, denn schließlich wird
er dafür bezahlt. Wenn sich Widerstand regt oder Alternativen vorgeschlagen werden, kann immer noch eine neue
Verständigung angestrebt werden.

Ferner gehört es zur professionellen Lernförderung, den
Partnern zu *helfen,* sie zu *ermutigen* und zu *unterstützen.* Es
reicht nicht, einfach ein Lernangebot zu machen, also zu
arrangieren, hinzukommen muß, die erkennbaren Lern-
schwierigkeiten auch überwinden zu helfen. Fördern
heißt auch, die bisherigen Lernerfolge zu beurteilen. Solche Bewertungen müssen jedoch nach allem, was bisher
über die Partikularität der pädagogischen Professionalität
gesagt wurde, ebenfalls partikular bleiben, also bezogen
auf die jeweilige Lernaufgabe. Bewertungen der Person
im ganzen stehen dem professionellen Pädagogen nicht
zu, sondern nur denjenigen, die mit dem betreffenden
Menschen nahe zusammenleben, so daß sie ihn nicht nur
zu verstehen, sondern ihn auch als ganze Person zu akzeptieren in der Lage sind. Unter diesem Aspekt ist auch
Skepsis angebracht gegenüber den in manchen reformeri-
schen Schulen unternommenen Versuchen, die numeri-
schen Zensuren durch Lerngutachten zu ersetzen, die die
Gesamtpersönlichkeit des Schülers würdigen sollen. So
gut dies im Hinblick auf eine „gerechte" Beurteilung des
Schülers gemeint ist, so problematisch ist dies grundsätzlich. Die Schule hat keine Persönlichkeiten zu bewerten, sondern partikulare Leistungen. Als Faustregel kann
vielleicht folgendes gelten: Der Pädagoge unterstellt zunächst einmal, daß seine Partner sich Mühe geben, das zu
leisten, was sie können; seine „Bewertung" besteht darin
zu zeigen, wie man dies oder jenes *noch besser* machen
könne. Beurteilen und bewerten haben dann insofern einen pädagogischen Sinn, als sie weitere *Lernperspektiven*
eröffnen.

Nun haben wir aber gesehen, daß ein Pädagoge sich nicht
darauf beschränken kann, nur pädagogisch zu handeln,
sondern daß er je nach Situation auch andere Formen so-

125

zialen Handelns praktizieren muß. Was bedeutet dies für die Qualität der pädagogischen Beziehung?

Der Pädagoge muß diese verschiedenen Handlungsformen mit ihren unterschiedlichen Zielsetzungen und Begründungen seinen Partnern deutlich machen. Wenn ein Lehrer zum Beispiel gegen einen Schüler eine Schulstrafe verhängen muß (z.B. „Nachsitzen"), dann kann er dies nicht pädagogisch begründen, weil er das Strafen nicht in seine pädagogischen Planungen und Zielsetzungen einbeziehen kann. Die Schulstrafe resultiert aus einem *politischen* Sachverhalt, nämlich aus einem Verstoß gegen die Regeln der Institution. Wohl aber kann er diese Schulstrafe pädagogisch sinnvoll gestalten, etwa indem er dem Schüler eine interessante Lernaufgabe stellt.

Keine öffentliche pädagogische Institution kann ohne Sanktionen als letztes Druckmittel auskommen, wenn es darum geht, den Regeln ihrer Grundordnung Geltung zu verschaffen. Allerdings sind die Möglichkeiten des Strafens sehr begrenzt geworden. Außerhalb der Schule, im freien Bildungsbereich, gibt es eigentlich nur noch eine Form der Strafe: den Ausschluß aus der Gemeinschaft. In einem Ferienlager zum Beispiel kann und darf kein Kind in irgendeiner Form bestraft werden; wenn „alle Stricke reißen" und ein Teilnehmer nicht mehr tragbar erscheint, kann man ihn nur nach Hause schicken, und im allgemeinen müssen die Eltern für einen solchen Eventualfall ihre Zustimmung geben. Wer als Erwachsener in einer Bildungsstätte sich daneben benimmt, kann nur unter Berufung auf das Hausrecht hinausgeworfen werden; Bestrafungen innerhalb der Gemeinschaft sind nicht möglich.

Diese Beispiele zeigen zweierlei: Einmal, daß die Notwendigkeit des Strafens im Umgang mit Kindern vom Alltagsfall zum Grenzfall geworden ist, und zum anderen, daß der Sinn der Strafe nur sein kann, in extremen Situationen, wenn alle anderen Möglichkeiten erschöpft sind, auf diese Weise die jeweilige soziale Gemeinschaft bzw. die Regeln des Zusammenlebens dort zu schützen. Gerade im Umgang mit Kindern in öffentlichen Institutionen hat sich hier in den letzten Jahrzehnten ein deutlicher Wandel vollzogen: Die Einsicht, daß Strafen kein pädagogisches Mittel im Sinne einer „Lernhilfe" sein kann, hat sich weitgehend durchgesetzt. Deshalb muß der Pädagoge diese Differenzierung seinen Partnern gegenüber auch deutlich machen. Allerdings wird der Pädagoge bemüht sein, die anderen sozialen Handlungsformen möglichst den Leitzielen des pädagogischen Handelns unterzuordnen.

Nun gibt es pädagogische Institutionen wie das Jugendgefängnis — das jedenfalls zumindest in der offiziellen Begründung *auch* als *pädagogische* Institution gilt — in denen nichtpädagogische Handlungsformen derart dominant und zudem das Arrangement derart lernfeindlich gegen die pädagogischen Absichten gerichtet sind, daß dort eine pädagogische Beziehung kaum entstehen kann. Dieses Beispiel zeigt, wie wichtig es ist, die unterschiedlichen Handlungsformen klar zu unterscheiden, weil sonst unter dem Begriff „Pädagogik" alles mögliche zusammengefaßt wird, was in Wahrheit jeweils eigener Begründungen bedarf. Erzwungen werden kann die pädagogische Beziehung ohnehin nicht. Da sie auf sozialem Handeln beruht, hängt es auch nicht vom Pädagogen allein ab, ob sie zustande kommt. Der Unwille der Partner kann sie ebenso blockieren wie die Unfähigkeit des Pädagogen.

Was ich bisher skizziert habe, ist eine Leitvorstellung, ein Idealbild. Jeder Handelnde braucht eine solche Vorstellung über gelungene und geglückte berufliche Beziehungen mit seinen Partnern. Die Wirklichkeit sieht oft anders aus. Das ist kein Grund zur Resignation; denn einmal steht eine gelungene pädagogische Beziehung nicht am Anfang einer pädagogischen Arbeit, sondern kann erst in ihrem Verlaufe entstehen. Zum anderen stößt pädagogisches Handeln wie jedes soziale Handeln irgendwann an eine menschliche Grenze, die zu respektieren der Würde aller Beteiligten entspricht.

Wie das pädagogische Handeln überhaupt, so bedarf auch die pädagogische Beziehung der ständigen *Reflexion*. Schließlich tritt der Pädagoge mit ganz bestimmten Erwartungen an seine Partner heran: daß sie zum Beispiel seine Lernziele akzeptieren, daß sie das „Klima" akzeptieren, das er sich wünscht usw.

Hinsichtlich der Ziele ist ein wichtiges Problem die *Legitimation,* mit der sie geltend gemacht werden. In der Schule beruht sie auf den Richtlinien, die der Lehrer — durchaus mit einem gewissen eigenverantwortlichen Spielraum — zu realisieren hat. In der außerschulischen Bildungsarbeit ist das ganz anders. Hier beruht die Legitimation entweder darauf, daß der Teilnehmer einem entsprechenden Angebot — einer „Einladung" — des Veranstalters *freiwillig* gefolgt ist, oder — z.B. bei einem einzelnen Referenten — darauf, daß dieser seine *persönliche* Version der Sache einbringt, sich also in diesem Sinne *selbst* zum Grund der Legitimation macht.

Aus der Sicht des Partners heißt das: Er *muß* etwas lernen, oder er *darf* etwas lernen. Im ersten Fall ist klar, daß der Partner an dem, was er lernen soll, nicht unbedingt Interesse finden muß. Aber auch dann, wenn er ein Lernangebot *wählen* kann, ist damit noch keineswegs die Übereinstimmung der Erwartungen gesichert. Der Teilnehmer kann zum Beispiel durchaus am Thema interessiert sein, aber den Vortrag für „zu akademisch" halten usw. Übereinstimmung ist also selten von vornherein gegeben, sie muß vielmehr erst im Rahmen der Kommunikation, also des pädagogischen Handelns hergestellt werden.

Wenn Pädagogik die (professionelle) Fähigkeit ist, anderen Lernen zu ermöglichen, dann werden diese anderen von vornherein zumindest in diesem Punkte als „bedürftig", als defizient definiert. Das ist an und für sich nichts Ehrenrühriges, denn jeder würde zugestehen, daß es noch manches gibt, was er vernünftigerweise lernen könnte und vielleicht auch möchte.

Aber entscheidend ist, ob die Lernbedürftigkeit des anderen primär von einer *Sache* her definiert wird — indem der Pädagoge ein Lernziel setzt, gleich, mit welcher Legitimation, definiert er ja auch die Lernbedürftigkeit des anderen mit — oder von der *Beziehungsebene* her. Wird sie von einer Sache her definiert, dann bleibt sie partikular: Lediglich in dieser Sache hat der Pädagoge einen Vorsprung, nicht auch in jeder anderen Hinsicht.

Wird sie jedoch auf der Beziehungsebene definiert ohne Rückbindung an eine Sache, wie dies vor allem bei sozialpädagogischen Berufen oft der Fall ist (z.B. Anbieten von Konfliktlösungsstrategien, von Beratung im Sinne von „Rückspiegelung"), dann wird die Definition der Lernbedürftigkeit grundsätzlicher, mehr oder weniger auf die ganze Persönlichkeit des anderen bezogen. Andererseits wird aber auch die Erwartung umfassend: wenn mein Fundament in einer Sache liegt, die andere nicht interessiert, so kann ich das für normal halten, ohne mich gekränkt fühlen zu müssen. Liegt es aber auf der Beziehungsebene, dann ist die positive Rückmeldung der anderen auf eben dieser Ebene die einzige Bestätigung für erfolgreiches pädagogisches Handeln, die möglich ist, und die Versuchung wird groß, um diese Rückmeldung zu werben, zum Beispiel indem ich mit den unmittelbaren Bedürfnissen und Interessen der anderen so weit mich identifiziere, daß das ursprüngliche pädagogische Ziel aus dem Blick gerät.

Zwei Möglichkeiten des pädagogischen Scheiterns deuten sich hier an: Der Pädagoge bietet seine Sache an, die anderen aber wollen in Wahrheit — vielleicht durchaus aus Anlaß dieser Sache — Beziehungsfragen erörtern. Und umgekehrt: Der Pädagoge hat gar keine Sache anzubieten, die anderen aber wollen genau dies und setzen der Pädagogisierung der Beziehungsebene Widerstand entgegen. Dies zeigt, daß die Persönlichkeit des Pädagogen für den Erfolg des pädagogischen Handelns eine große Rolle spielt. Jeder hat seine individuellen Chancen und Grenzen, aber während die Chancen eher zu erkennen sind — man kann sie am Erfolg ablesen — sind die Grenzen weitaus schwerer zu ermitteln, denn was heute scheitert, kann morgen — mit anderen Partnern, unter anderen Bedingungen — gelingen. Eher kann ein Pädagoge schon herausfinden, was ihm „liegt", was er gern tut und was weniger.

Zur Reflexion der pädagogischen Beziehung gehört auch, über die *eigenen Erwartungen* nachzudenken. Welche Erwartungen hat der Pädagoge an seine Partner? Stimmen sie mit den Rahmenbedingungen seines Berufsfeldes überein? Sind sie in Einklang zu bringen mit der Lernfähigkeit und Lernbereitschaft der Partner? Insbesondere im außerschulischen, freizeitpädagogischen Bereich klaffen die Erwartungen oft erheblich auseinander: Jugendliche in einem Freizeitheim zum Beispiel wollen vielleicht in Ruhe gelassen werden und einfach nur ihre Freizeit verbringen, der Pädagoge aber erwartet Interesse für seine Angebote.

Wichtig ist ferner die *Motivation:* Warum hat unser Pädagoge seinen Beruf erwählt? Aus Interesse an einer Sache oder an den Menschen, oder weil die Arbeit ganz gut bezahlt wird? Auch hier ist wieder die Frage, ob seine Motivation angesichts der Rahmenbedingungen und der Erwartungen und Fähigkeiten seiner Partner zum Zuge kommen kann. Wer „Freundschaft mit Kindern" sucht, wird in der Schule wenig Chancen haben, aber vermutlich auch in einem Freizeitheim oder Ferienlager eher frustriert sein. Tiefenpsychologische Dimensionen dieses Problems seien hier nur angedeutet: Sucht und genießt er vielleicht die Abhängigkeit seiner Partner, denen er scheinbar so selbstlos zu „helfen" versucht? Und schließlich die *fachlichen Grenzen:* Ist er *lernfähig* und *lernbereit,* diese Grenzen während des Berufslebens zu erweitern, oder ist diese Bereitschaft mit der festen Anstellung erloschen? Aber es gibt nicht nur individuelle Grenzen, sondern auch kollektive. Jede Generation von Pädagogen lernt in der Ausbildung bestimmte Standards von Überzeugungen über die Praktiken des Berufes, die später im Berufsfeld selbst vielleicht als unrealistisch erfahren werden, an denen man aber gleichwohl festhalten möchte, weil sie ein wichtiges Stück des beruflichen Selbstverständnisses sind. Parteiergreifen für die Kinder gegen ihre soziale und politische Umwelt; Kinder antiautoritär erziehen unter Verzicht auf die dem Pädagogen zustehende Macht; Pädagogik als Teil des politischen Engagementes verstehen, — das sind nur einige Beispiele aus dem Repertoire des pädagogischen Zeitgeistes. Der Beruf des Pädagogen ist ungemein anfällig für Ideologien, die seine Aufgabe leicht überwuchern können oder die ihr einen besonderen Rang zu geben scheinen. Der Pädagoge darf sich nicht ausnehmen, wenn er die Bedingungen und Voraussetzungen seines Handelns bedenkt: Welche Motive hat er für seinen Beruf im allgemeinen und für eine bestimmte Handlungsabsicht im besonderen? Wofür ist er kompetent und wofür nicht? Wofür muß er weitere Kompetenz erwerben? Allerdings muß diese Selbstreflexion nun nicht übertrieben werden. Man muß nicht Selbsterfahrungsgruppen oder therapeutische Sitzungen in Anspruch nehmen, um sich seiner Motive für den pädagogischen Beruf zu vergewissern. So wie der Pädagoge die Persönlichkeit seiner Partner respektieren muß, so hat umgekehrt auch der Pädagoge einen Anspruch auf Respekt. Pädagogisches Handeln hat nun einmal wie jedes menschliche Handeln seine Grenzen, die *auch* in den beteiligten Personen liegen, und gerade diese Tatsache fundiert gegenseitigen Respekt. Wer solche Grenzen prinzipiell aufheben will, stellt Respekt und Toleranz infrage. Viel wichtiger ist, daß der Pädagoge etwas kann, was für andere zu lernen sich lohnt.

6 Konsequenzen für die pädagogischen Berufsgruppen

Was bisher über den pädagogischen Beruf und über pädagogisches Handeln gesagt wurde, gilt nach meiner Auffassung grundsätzlich für *alle* pädagogischen Berufe. Gleichwohl ist es zweckmäßig, noch einige Erläuterungen für die einzelnen pädagogischen Berufsgruppen hinzuzufügen. Sie haben nämlich unterschiedliche Schwierigkeiten, zu einem professionellen Selbstverständnis in dem hier vorgetragenen Sinne zu gelangen, weil sie sich nicht einem gemeinsamen historischen Ursprung verdanken. Die verschiedenen pädagogischen Berufstätgkeiten lassen sich in drei Hauptgruppen zusammenfassen:

a) Die Schulpädagogik,

b) Die Sozialpädagogik,

c) Die Freizeitpädagogik einschließlich der Jugendarbeit und Erwachsenenbildung.

1. Für die *Lehrberufe,* deren wesentliche Handlungsform das Unterrichten ist, ergibt sich auf den ersten Blick durch die hier vorgetragene Berufsauffassung wenig Neues. Es war wohl immer schon klar, daß kulturelle Kompetenz (Unterrichtsfächer) und soziale Kompetenz (Fähigkeit des „Beibringens") hier konstitutiv sind. Allerdings hat sich in der schulpädagogischen und didaktischen Diskussion der letzten Zeit eine Tendenz bemerkbar gemacht, die die soziale Kompetenz zuungunsten der kulturellen aufwertet, etwa nach dem Motto: wichtiger als das, was tatsächlich gelernt wird, ist, daß die Kinder sich in der Schule wohlfühlen. Ich möchte diese Tendenz, die vor allem unter Grundschul- und Gesamtschullehrern verbreitet scheint, die „Sozialpädagogisierung der Schule" nennen. Die Ursachen liegen auf der Hand: Nicht wenige Kinder kommen heute gestört in die Schule, zeigen Arbeits-, Konzentrations- und Disziplinschwächen, können dem Unterricht nicht hinreichend folgen. Solche Schwierigkei-

ten sprechen das pädagogische Gewissen nicht weniger Lehrer an, die dann in die Versuchung geraten, das Niveau des Lernens insgesamt durch solche Kinder bestimmen zu lassen.

Nun ist zwar auch in diesem Buch deutlich geworden, daß *Fordern* und *Fördern* in unserem professionellen Verständnis *zusammengehören*. Ein Lehrer, der nur seine Anforderungen stellt, ohne sich die nötige Mühe zu geben, die schwächeren Schüler auch zu fördern, ist ebensowenig professionell wie andererseits derjenige, der nur zu fördern versucht, ohne die Lernansprüche dabei geltend zu machen; da man ohne einen sachlichen Anspruch im Grunde niemanden fördern kann, weil das Fördern dann kein erkennbares Ziel hat und somit auch kein Erfolgserlebnis vermitteln kann, wird dann leicht das subjektive Wohlbefinden der Schüler zum Erfolgsmaßstab des pädagogischen Handelns. Aber ein so zustandegekommenes Wohlbefinden ist in Wahrheit illusionär, eben weil dafür die Erfolgserlebnisse fehlen, auf die es sich stützen könnte. Die Erfahrung zeigt, daß es zu den schwierigsten Aufgaben von Lehrern gehört, in jedem Einzelfall zwischen Fordern und Fördern eine für den Schüler produktive Balance zu finden.

Die eigentliche Schwierigkeit aber besteht darin, die *Partikularität* der pädagogischen Profession einzusehen und danach zu handeln. Sowohl die pädagogische Beziehung wie auch die Sicht des Partners sind nach meiner Auffassung ja nicht umfassend, den ganzen Menschen ergreifend, sondern partikular, auf einen bestimmten Zweck, nämlich Lernen, bezogen. Ich habe in Diskussionen oft die Erfahrung gemacht, daß nicht wenige Lehrer sich dagegen sträuben, diese Partikularität zu akzeptieren. Sehr tief, oft vielleicht bis ins Unbewußte reichend sitzt noch die Vorstellung, die sich aus dem traditionellen Verständnis von Erziehung ableitet, daß man als Pädagoge für *das ganze Wohl* des Kindes verantwortlich sei und daß es schlimm genug sei, daß die Schule als Institution diesem Auftrag auf Schritt und Tritt entgegenstehe. Den pädagogischen Auftrag partikular zu verstehen bedeute doch, ihn weniger menschlich wahrzunehmen, usw.

Demgegenüber möchte ich gerade die hohe menschliche Bedeutung der partikularen professionellen Selbstbeschränkung betonen. Was hat denn zum Beispiel ein „schlechter Schüler" davon, wenn man ihn zum Maßstab der Dinge macht, wenn man um seine „ganze Menschlichkeit" besorgt sein will? Das ist eine Illusion, weil kein Lehrer eine solche umfassende Beziehung zu einem Schüler eingehen kann; denn zum einen müßte er dann die anderen Schüler vernachlässigen und zum anderen müßte er dann auch die *Verantwortung* für die ganze Menschlichkeit des anderen übernehmen, indem er rund um die Uhr mit ihm zusammenlebt und ihn „umsorgt". Das einzige, was der Lehrer für die Menschlichkeit des Schülers tun kann, ist, daß er ihm ein höchstmögliches Selbstbewußtsein *in der Sache* ermöglicht, um die es geht. Außerhalb der Schule, wenn es zum Beispiel um den Eintritt in den Beruf geht, fragt niemand den Schüler, wie „menschlich" sein Lehrer zu ihm gewesen sei, sondern was er bei ihm gelernt habe. Der Menschlichkeit des Schülers kann der Lehrer nur dadurch dienen, daß er das, was seine Profession ist, so gut wie möglich macht und im übrigen den Schüler in seiner Eigenart zu respektieren versucht. Im lehrenden Umgang mit Erwachsenen kämen wir auf eine solche Idee gar nicht, wieso also wollen wir den Schüler in der hier kritisierten Weise pädagogisieren?

Aus der hohen Emotionalität, mit der die „Menschlichkeit" der Schule gegen ein partikulares Berufsverständnis verteidigt wird, läßt sich übrigens schließen, daß es nicht nur um die Bedürfnisse von Schülern, sondern auch von Lehrern geht, — vielleicht manchmal sogar in dem Sinne, daß ein Lehrer für seine *eigene* emotionale Stabilität eine solche Vorstellung braucht und daß die „Menschlichkeit" des Schülers dafür nur ein Vorwand ist. Wenn man Schüler fragt, was für sie ein „guter Lehrer" sei, hört man fast übereinstimmend immer wieder: er soll etwas können, er soll es interessant beibringen können und im übrigen sollte er *„nett"* sein.

Das hier vorgetragene Berufsverständnis schließt Engagement in der Sache und gegenüber den Menschen nicht aus, sondern ein, aber es versucht, ihm einen professionellen Standort und eine Grenze zu zeigen. Die Grenze besteht einfach darin, daß nicht *alle* menschlichen und gesellschaftlichen Probleme an *einem* sozialen Ort — der Schule — gelöst werden können. Wird das versucht, dann wird bald nichts mehr professionell überzeugend getan.

Schließlich muß ja auch der Schüler lernen, die Partikularität öffentlicher Einrichtungen und Erwartungen zu akzeptieren, auf der auch *seine* persönliche und politische Freiheit beruht. Würde sich die Schule demgegenüber als eine Ausnahmesituation verstehen, in der die üblichen Regeln öffentlicher Institutionen außer Kraft gesetzt sind, so würde der Schüler die Schule mit lebensfremden Erwartungen verlassen.

Gerade beruflich engagierte Lehrer leiden darunter, daß ihren Bemühungen, Schüler zu fördern, Grenzen gesetzt sind, und daß mit diesen Grenzen Entscheidungen über den künftigen beruflichen Status der Schüler verbunden sind. Andererseits muß aber auch bedacht werden, daß es zumindest *auch* Aufgabe der Schule ist, den Schülern eine realistische Einschätzung ihrer Fähigkeiten zu geben. Ist es „menschlich", wenn die Schule den Schülern darüber Illusionen macht, vertagt sie dann nicht nur die Wahrheit auf den Berufseintritt oder auf den Studienbeginn? Dann spätestens sind sie doch die „schlechten Schüler" in einer ihnen nicht gemäßen Umgebung, während ihre tatsächlichen Fähigkeiten und Lerninteressen keinen angemessenen Ort gefunden haben.

Solche Fehleinschätzungen der pädagogischen Professionalität haben auch zu tun mit *politischen* Erwartungen und diese bedrängen gerade das berufliche Selbstverständnis des Lehrers in besonderem Maße. Immer wieder wird die Schule als Transmissionsriemen benutzt für politische Ziele. Wir haben das in der Reformzeit der 60er und 70er Jahre erlebt, als durch Revision der Unterrichts- und Erziehungsziele der Schule gesellschaftliche Veränderungen angestrebt wurden, und wir dürfen wohl davon ausgehen, daß solche Intentionen immer wieder — mit welcher politischen Vorgabe auch immer — an der Tagesordnung sind.

Nach meinen Vorstellungen ist gegenüber solchen politischen Erwartungen *professionelle Distanz* angebracht, —

135

auch und gerade dann, wenn sie den eigenen politischen Überzeugungen entsprechen. Die politischen Rechte des Lehrers als Bürger sind nicht identisch mit seinen professionellen Pflichten der je individuellen Lernförderung; diese aber bleibt — wie schon früher betont wurde — das wesentliche Ziel einer konsensfähigen demokratischen Bildungspolitik. Im übrigen ist die Geschichte der Lehrberufe die Geschichte ihrer unaufhaltsamen Emanzipation von Bevormundung durch Kirche und Staat und ich sehe meine Vorstellung von Professionalität in dieser Kontinuität.

Aber Professionalität kann sich nicht von jener politischen Partikularität ableiten, die jeweils regiert. Der Lehrer ist zwar zur politischen Loyalität verpflichtet und deshalb auch dazu, sich an den ihm rechtmäßig vorgegebenen Richtlinien zu orientieren; aber seine Loyalität wird dort durch seine Professionalität eingeschränkt, wo ihm zugemutet wird, Lern*verbote* zu praktizieren. Wenn von ihm zum Beispiel im politischen Unterricht erwartet wird, nur „das Positive" darzustellen und nicht auch das Konflikthafte und Widersprüchliche, dann muß er dieses Ansinnen ebenso zurückweisen wie das gegenteilige. *Sein* beruflicher Bezugspunkt ist das lernende Subjekt, dessen Bildung und Mündigkeit, und so wichtig es schon aus praktischen Gründen ist, die *Gegenstände* des Unterrichts einigermaßen einheitlich festzulegen, so darf dies die Art und Weise der unterrichtlichen Bearbeitung, zum Beispiel die Fragestellungen nicht präjudizieren. Allerdings setzt dies — wie hier unterstellt — einen Lehrer voraus, dessen nicht nur soziale, sondern auch kulturelle Kompetenz souverän ist und der nicht fehlende Kompetenz durch politisches Engagement kompensiert.

Als weitere Konsequenz aus dem hier vorgetragenen Berufsverständnis ergeben sich Überlegungen zur Lehrer*fortbildung*. Insofern sie während der Dienstzeit erfolgt und daher genehmigt werden muß, unterliegt sie Beschränkungen, die sowohl das Thema als auch den Veranstalter betreffen. Gerade die kulturellen Kompetenzen, also die Weiterbildung in den Unterrichtsfächern, sind von diesen Beschränkungen insofern betroffen, als sie in der Regel immer nur sub specie scholae, also unter didaktischem und methodischem Aspekt zugelassen werden.

Mit anderen Worten: Die kulturelle Kompetenz wird nur als soziale Kompetenz gefördert. Das dienstliche Kontrollinteresse der Bürokratie verbindet sich hier mit dem Monopolinteresse der Veranstalter. Dahinter steht offensichtlich die Vorstellung, daß die pädagogische Profession vorrangig durch ihre *Technik* zu definieren sei. Abgesehen davon, daß *alle* Erfahrungen des Lehrers, die er in seinem Leben macht, in sein Repertoire eingehen und daher auch sein pädagogisches Handeln bestimmen können, und daß von daher zwischen professionellen und nicht-professionellen Erfahrungen gar nicht sinnvoll unterschieden werden kann, wäre der Begriff der „Fortbildung" viel großzügiger auszulegen, so daß eine Erweiterung der sozialen und kulturellen Kompetenz auch ohne den technischen, unterrichtswissenschaftlichen Aspekt möglich wird. Schließlich kann man wohl davon ausgehen, daß Lehrer das Unterrichten bereits gelernt haben, wenn sie eine Fortbildungsveranstaltung besuchen. Erstrebenswert wären ferner gelegentlich auch Fortbildungsveranstaltungen gemeinsam mit den anderen beiden pädagogischen Berufsgruppen insbesondere dann, wenn die Partner (Kinder, Jugendliche) das Thema sind. Da – auch für Pädagogen – Lernen im wesentlichen Erfahrungsaustausch ist, wachsen die Lernchancen naturgemäß mit der Vielfältigkeit von Erfahrungen angesichts des gleichen Themas.

Da nicht ein Ensemble von Techniken den pädagogischen Beruf konstituieren kann, die das pädagogische Handeln vom übrigen Leben trennen könnten, rückt die Gesamtpersönlichkeit des Lehrers, seine „Bildung" neu in den Blick. Er kann nicht davon ausgehen, daß er einmal „sein Handwerk gelernt habe" und daß er es nun in professioneller Begrenzung weiterhin ausüben könne. Der ständige und einseitige Umgang insbesondere mit *jungen*Menschen verführt dazu, die eigene Weiterbildung aus dem Blick zu verlieren, weil der Lehrer keinem fachlichen Wettbewerb ausgesetzt ist und die Schüler über die fachliche Qualifikation kaum ein Urteil abgeben können. Auf eine Formel gebracht: Der Lehrer muß *partikular* handeln, sich dafür aber *umfassend* weiterbilden.

2. Die modernen *sozialpädagogischen* Berufe einschließlich der Sozialarbeit haben sich traditionell verstanden als

„Selbsthilfe-Helfer": Menschen, die in besondere Notlagen geraten waren oder die randständig leben mußten, sollte durch materielle Unterstützung und durch Lernen so geholfen werden, daß sie auf Dauer die Verantwortung für ihr Leben wieder übernehmen konnten. Durch diese Vorstellung der „Hilfe zur Selbsthilfe" wurde die ältere, vorbürgerliche des „Almosengebens" abgelöst, die am Status der Armut und Gebrechlichkeit (Armut als „Stand") nichts ändern wollte, aber die Hilfe für die Armen als von Gott gewünschte Pflicht ansah. Im modernen, bürgerlichen Konzept wurde die Armut also pädagogisiert, das heißt die Hilfe wurde mit der Erwartung gewährt, daß der Partner auch willens sei, nach seinen Kräften sich aus seiner Notlage zu befreien und sich in die normale bürgerliche Welt — vor allem in die Arbeitswelt — zu integrieren. Nun gibt es aber bis heute soziale Gruppen, an denen das Konzept gescheitert ist, für die, will man sie nicht ihrem Schicksal überlassen, was wiederum die allgemeine Moral verbietet, die Idee des „Almosens" weiter gelten muß. Es gibt Menschen, die, aus welchen Gründen auch immer, zu einer „normalen" bürgerlichen Existenz nicht in der Lage oder auch nicht bereit sind und denen — ihre Lebenseinstellung grundsätzlich akzeptierend — dennoch geholfen werden muß.

Andererseits hat seit den 70er Jahren eine *politische* Erweiterung des sozialpädagogischen Selbstverständnisses stattgefunden: Beseitigung der konkreten Ursachen beziehungsweise der Hemmnisse, die einer Verbesserung der Lage im Wege stehen. Das kann zum Beispiel bessere materielle Versorgung heißen, oder Verminderung des demütigenden Druckes der Sozialadministration und der Polizei oder Konzepte zur *sozialen Sanierung* eines bestimmten Milieus. Immer aber geht es dabei auch — und das ist unser leitender Gesichtspunkt — um Lernen, sei es, um mit einer gegebenen Situation fertigzuwerden, sei es, um diese Situation allein oder gemeinsam mit anderen zu verändern. Allerdings haben sich die Hoffnungen, die sich anfangs auf die politische Selbstmobilisierung der Betroffenen richteten, kaum erfüllt. Gleichwohl hat das neue KJHG eine Reihe dieser Vorstellungen übernommen. Im Unterschied nämlich zum eher ordnungspolitisch, also durchaus auch auf Zwangsmaßnahmen („Fürsorgeerziehung") setzenden alten JWG hat das neue Gesetz den Begriff der „Erziehungshilfen" in den Mittelpunkt gerückt, die den Familien bei Erziehungsschwierigkeiten in vielfacher Weise gewährt werden können. Diese Angebote werden zudem nicht mehr mit Strafandrohung verbunden, sondern werben um die Zustimmung der beteiligten Eltern und auch der Kinder und Jugendlichen. Obwohl dieses Gesetz gerade wegen seiner Familienzentriertheit auch kritisiert wurde – Kinder und Jugendliche selbst sind generell nicht antragsberechtigt – hat es doch weitgehend die traditionelle Diskriminierung der Betroffenen abgelegt und versucht sich eher als eine Dienstleistung für sie zu verstehen.

Ähnlich wie die Schulen sind die sozialpädagogischen Tätigkeiten in der Staatsverwaltung verankert, auch wenn sie von „freien Trägern" (z.B. Kirchen) wahrgenommen werden können. Diese Verankerung erschwert generell ein *pädagogisches* berufliches Selbstverständnis, wie es hier begründet wird; denn viel stärker als die schulpädagogischen unterliegen diese Berufe dem Zwang, nicht in erster Linie nach *pädagogischen,* sondern nach *politischen* („Befriedung"), *ökonomischen* (kostensparend) und *administrativen* (Subsumierung unter interne Regeln der Verwaltung und gesetzlicher Vorschriften) Gesichtspunkten zu handeln. In diesen Berufen haben also die früher erwähnten nicht-pädagogischen Handlungsweisen eine besonders große Bedeutung. Zudem unterliegen diese Berufe einem besonderen politischen Druck. Randständige werden von der Öffentlichkeit ohnehin mißtrauisch betrachtet, und wenn sie in irgendeiner Weise auffällig werden, droht politischer Druck auf die Administration. Diese leitet ihn dann weiter an die pädagogischen Mitarbeiter, die mit diesen Personen zu tun haben. Der *pädagogische* Handlungsspielraum kann also sehr eng sein. Die Verwaltung ist an einem reibungslosen, ihren administrativen Regeln konformen Ablauf der Dinge interessiert, Unauffälligkeit ist hier ein wesentliches Erfolgskriterium. Man kann von einem *strukturellen* Widerspruch zwischen den pädagogischen und den administrativen Handlungszielen sprechen, und da der Sozialpädagoge *beides* akzeptieren muß, gehört dieser Zwiespalt konstitutiv zu seinem Berufsverständnis.

Andererseits vermag eine pädagogische Professionalität, die von der Funktion des Lernhelfers ausgeht, in diesem Widerspruch einen relativ autonomen pädagogischen Handlungsspielraum wenn nicht zu schaffen, so doch zumindest überzeugend zu begründen; denn der Nachweis, daß Lernprozesse zur Eigenverantwortung hin möglich wären, wenn im Milieu der Betroffenen bestimmte Bedingungen geändert würden, ist überzeugender, als mit allgemeinen politischen Maximen zu argumentieren, über die weder die Partner noch auch die Administration verfügen können. Da Sozialpädagogen in der Regel mit den Schattenseiten der Gesellschaft konfrontiert werden, ist die Versuchung groß, die pädagogische Perspektive des Lernens aus dem Blick zu verlieren zugunsten allgemeiner politischer Erklärungsversuche, die aber den Partnern unmittelbar nichts nützen können.

Im Unterschied zu den schulpädagogischen spielt bei den sozialpädagogischen Berufen Unterrichten im Umgang mit den Partnern kaum eine Rolle, wohl aber in der Fortbildung. Die dominanten Handlungsformen dürften hier „Informieren" und „Beraten", gefolgt von „Arrangieren" und „Animieren" sein.

Lehrer — vor allem junger Schüler, so hatten wir gesehen – haben das Problem, daß ihre kulturelle Kompetenz — also ihre fachliche Versiertheit — selten von gleichrangigen Partnern herausgefordert wird (auch Gespräche unter Kollegen oder in Konferenzen drehen sich selten darum, sondern beschränken sich meist auf formale, z.B. organisatorische Fragen). Hochschullehrer haben es da besser, da sie ja immerhin mit jungen Erwachsenen umgehen. Sozialpädagogen haben nun das Problem, daß sie nicht primär von kulturellen Kompetenzen her ihre Profession definieren; sie fühlen sich nicht in erster Linie als „Lehrer", von denen die Partner etwas „lernen" können oder sollen. Daraus läßt sich jedoch nicht schließen, daß sie über keinerlei kulturelle Kompetenz verfügen müßten. So können und müssen sie zum Beispiel ihre Rechts- und Verwaltungskenntnisse durchaus als Information und Beratung weitergeben.

Schwieriger ist es wohl, die Armen, Gescheiterten, Randständigen, Kriminellen überhaupt als „Partner" im Sinne einer „Lerngemeinschaft" einzuschätzen, weil die administrativen Vorgaben, von denen oft Existenzbedingungen abhängen, sehr leicht das Gefühl ohnmächtiger Abhängigkeit auslösen können. Ist hier die Überlegenheit des Sozialpädagogen nicht „umfassend" und keineswegs nur auf einen professionellen Zweck begrenzt? Läßt sich in diesem Bereich die Idee vom pädagogischen Handeln als einer *begrenzten,* eben *partikularen* Intervention überhaupt aufrechterhalten?

Das Problem hat einerseits seine Charakterisierung durch das Bild vom „hilflosen Helfer" (Schmidbauer) erhalten, eines Typs von Sozialpädagogen also, der — verkürzt gesagt — seine eigene Stärke, seine Identität — obwohl er eigentlich schwächlich und unsicher ist — durch die offensichtliche Schwäche seiner Partner gewinnt, im Grunde also unbewußt interessiert sein muß daran, daß diese Schwachen schwach bleiben oder daß zumindest deren Existenz erhalten bleibt.

Eine derartige psychoanalytisch fundierte Warnung mag der *Reflexion* des pädagogischen Handelns zugute kommen. Andererseits hat sich gerade aus den Erfahrungen der Sozialpädagogik eine neue Sensibilität dafür entwickkelt, daß die überlieferten, auf die ganze Person bezogenen Erziehungsvorstellungen weitgehend unrealistisch geworden sind. Unter dem Aspekt der „akzeptierenden Arbeit" fragen sich Sozialpädagogen zunehmend, *mit welchem Recht* sie eigentlich Randständige — zum Beispiel Drogenabhängige — ändern, also „umerziehen" sollten, wenn und insofern es die Betroffenen selbst nicht wollen?

Ich halte diese Grundeinstellung für *professionell* im Sinne meiner Vorstellungen, weil sie nämlich einerseits das Sosein des Anderen grundsätzlich respektiert, gleichwohl jederzeit bereit ist, eine *Verständigung* mit ihm über *partikulare* Lernprozesse anzustreben die gleichwohl immer auch das Angebot einer vollständigen sozialen und gesellschaftlichen Reintegration enthalten.

Während also viele Lehrer Schwierigkeiten haben, den humanen Charakter der professionellen Partikularität ein-

zusehen, liegt eine solche Einsicht im Umgang mit sozialpädagogischen Partnern viel näher, weil in diesem pädagogischen Bereich viel klarer täglich erfahren wird, wo-
hin es führt, wenn man das So-Sein der Anderen nicht respektiert und sich nicht auf partikulare, im Hinblick auf
eben dieses So-Sein *realistische* Lernangebote begrenzt.
Auf diese Weise wird das Elend nicht beseitigt, allenfalls
in Einzelfällen gemindert. Aber da es nicht durch Pädagogik verursacht wird, kann es auch durch sie nicht beseitigt
werden, – auch diese Einsicht erwächst aus der Partikularität der pädagogischen Profession.

3. Während es für die schulpädagogischen und sozialpädagogischen Berufe fest etablierte Ausbildungsgänge gibt,
ist das Bild bei den *Freizeitpädagogen* sehr viel uneinheitli-
cher. Unklar ist schon, was unter Freizeitpädagogik genau
zu verstehen sei. Immer noch sehr verbreitet ist die Ansicht, wie andere Pädagogiken sei auch die Freizeitpädagogik bezogen auf das Kindes- und Jugendalter und habe
die Aufgabe, diesen Partnern „sinnvolle" Freizeittätigkei-
ten zu vermitteln, was natürlich eine normative Vorstellung über dieses „Sinnvolle" voraussetzt. Traditionell
wird darunter die Entwicklung „kindgemäßer" beziehungsweise „jugendgemäßer" Lebensstile sowie überhaupt schöpferischer, kreativer Fähigkeiten verstanden in
Abgrenzung zu kommerziellen und massenmedialen Angeboten. Zu diesen tritt dann die Freizeitpädagogik mit
ihren speziellen normativen Angeboten in einen weitgehend vom Markt diktierten Wettbewerb. Auf diese Weise
kann sich zum Beispiel ein bestimmtes weltanschauliches
Freizeitkonzept, etwa ein kirchliches, präsentieren. Der
Freizeitbereich ist ja auch das Feld *weltanschaulicher,* also
normativer Konkurrenzen, und im Prinzip steht es natürlich jedem Veranstalter frei, für *seine* Version einer „sinn-
vollen Freizeit" zu werben, dafür Anhänger und Lerninte-
ressenten zu suchen.

Aber es wäre nicht zweckmäßig, den Begriff der Freizeitpädagogik auf solche Sonderfälle einzuschränken, vielmehr möchte ich den Begriff erweitern und dabei die Lük-
ken zwischen Schulpädagogik und Sozialpädagogik
schließen. Mit einem gewissen Recht könnte man allerdings auch sagen, Freizeitpädagogik sei lediglich eine hi-

storisch notwendig gewordene Erweiterung des sozialpäd-agogischen Aufgabenfeldes, so daß wir nur von zwei päd-agogischen Berufsgruppen auszugehen hätten. Dies wäre aber nur dann sinnvoll, wenn wir für die Arbeit mit „Rand-ständigen" und mit „Normalintegrierten" einen gemein-samen Nenner finden könnten. Eine Möglichkeit dafür wäre, das eine als „Fürsorge", das andere als „vorbeugen-de Fürsorge" zu verstehen, eine Vorstellung, die ja in der rechtlichen Begründung der Jugendarbeit immer noch ei-ne Rolle spielt. Aber eine solche Deutung würde den *Ei-genwert*, den *Selbstzweck* des Freizeitlebens verfehlen, da-mit wäre nicht die Arbeit mit Erwachsenen zu charakteri-sieren und im Rahmen der Jugendarbeit würden allenfalls Teile der sogenannten „offenen Arbeit" erfaßt.

Unter „Freizeitpädagogik" möchte ich vielmehr alle plan-mäßigen, absichtsvollen Lernangebote verstehen, die den Menschen in ihrer Freizeit gemacht werden, — gleichgül-tig, ob sie das dabei Gelernte für ihre Berufstätigkeit oder für ihre Freizeit verwenden. Gleichgültig ist auch, ob die Träger und Veranstalter kommerziell orientiert oder durch die öffentliche Hand subventioniert sind; die Gren-zen sind fließend und werden sich vermutlich weiter ver-schieben, außerdem sind sie historisch mehr oder weniger zufällig. „Freizeitpädagogik" in diesem Verständnis ist al-so Teil des allgemeinen Freizeitmarktes, steht im Wettbe-werb mit anderen, gerade auch den kommerziellen Frei-zeitangeboten. Die Teilnahme an diesen Angeboten ist freiwillig. Jugendarbeit und Erwachsenenbildung sind der traditionell institutionalisierte Kern der Freizeitpädago-gik.

Marktgebundenheit und Freiwilligkeit der Teilnahme schaffen hier spezifische Bedingungen, wie sie Schulpäd-agogik und Sozialpädagogik im Umgang mit ihren Part-nern so nicht vorfinden. Insofern ist es auch angebracht, Freizeitpädagogik als spezifischen pädagogischen Berufs-bereich zu definieren.

Ein Problem dieses Berufsbereichs ist, daß er sich unge-mein komplex darstellt und insofern nicht so einfach wie bei den beiden anderen Berufsgruppen durch eine institu-tionalisierte Ausbildung fundiert werden kann. Kinderfreizeit, Sportverein, Jugendverband, Volkshochschul-Seminar, Tourismus, — um nur einige Beispiele zu nennen, haben nur wenig gemeinsam, außer daß sie eben die Menschen in ihrer Freizeit ansprechen. Selbst einzelne Gebiete wie etwa der Tourismus verlangen unter Umständen ganz unterschiedliche Kompetenzen: Den Allround-Animateur, den Sportlehrer, den kunstgeschichtlich geschulten Experten usw.

Ein weiteres Problem ist die Tatsache, daß für die Freizeitpädagogen bezahlte Arbeit ist, was sich für die Partner als arbeitsfreie Zeit darstellt. Aus diesem Widerspruch resultieren unterschiedliche Erwartungen aneinander. Andererseits liegt darin aber auch die Partikularität des professionellen pädagogischen Anspruchs beschlossen: Weil die Partner ihre Freizeit nur begrenzt und immer auch unter dem Vorbehalt zur Verfügung stellen, daß ihnen keine attraktiveren Alternativen angeboten werden, kann das pädagogische Angebot nur den Charakter einer *begrenzten* Intervention haben.

Die *Lerninhalte* in der Freizeitpädagogik sind grundsätzlich beliebig und hängen weitgehend auch von Moden ab. Sie lassen sich in zwei grundsätzliche Bereiche unterscheiden.

Einmal geht es um die Vermittlung der Teilnahme an der offiziellen Kultur des Theaters, des Konzertsaals, einer Ausstellung oder anderer Veranstaltungen. In diesem Arbeitsbereich haben sich erstaunliche Veränderungen ergeben, wenn man etwa an museumspädagogische Innovationen denkt, die inzwischen fast überall die Präsentationen interessanter und publikumswirksamer gemacht haben.

Zum anderen geht es um die Aktivierung der sprachlichen, handwerklichen, künstlerischen und sonstigen kreativen Fähigkeiten der Teilnehmer selbst. Dabei ist oft ein Widerspruch zwischen den sachorientierten und den geselligen Bedürfnissen zu erkennen. Spaß kann von beidem ausgehen, von den relativ selbstgenügsamen Aktivitäten, in denen das gesellige Miteinander im Vordergrund steht, wie auch von der Sachorientierung, die die eigenen Fähigkeiten in höchstmöglichem Maße entfalten soll.

Anleitung zu schöpferischem Tun ist also nicht die einzige Aufgabe des Freizeitpädagogen. Er muß auch „Arrangieren" und zwar in zweierlei Hinsicht: Einmal muß er *Menschen mit einer benötigten kulturellen Kompetenz zur Mitarbeit gewinnen* und zum anderen muß er *Partizipationen an der professionellen Kultur ermöglichen.* Diese Art der „Kulturarbeit" hat eine lange Tradition sowohl im Rahmen der bürgerlichen Volksbildungsbewegungen wie auch im Rahmen der Arbeiterbewegung. Auch heute gibt es noch viele Menschen — junge, alte, behinderte — die aus welchen Gründen auch immer Barrieren überwinden müssen, um ein Theater, einen Konzertsaal oder ein Museum aufzusuchen. Für sie kann die geschickte und animierende Hilfe eines Freizeitpädagogen sehr nützlich sein.

Je nach Tätigkeitsort und beruflichem Auftrag variiert auch der Schwerpunkt der Handlungsformen: In einer Bildungsstätte wird auch unterrichtet, in einer Kinderfreizeit eher arrangiert und animiert. Vermutlich in der schulpädagogischen Tradition hält sich hartnäckig die Vorstellung, daß nur das als pädagogisch professionell gelten kann, was der Pädagoge mit seinen Partnern *selbst* tut. Die Handlungsform „Arrangieren" bedeutet aber auch, *andere* (z.B. Ehrenamtliche oder Nebenamtliche) etwas tun zu lassen. Ein Jugendpfleger in einem Landkreis etwa wird Initiativen von Jugendlichen ermuntern, ihnen sagen, wie man an finanzielle Unterstützung herankommt; er wird im Falle von Konflikten vermitteln, einer hoffnungsvollen Rock-Band vielleicht einen Übungsraum beschaffen können, usw. Er wird „Ansprechstation" für viele Interessen und Aktivitäten in seinem Bereich sein. Man muß sich immer wieder klar machen: Auch ohne Freizeitpädagogen würden die Menschen ihre Freizeit irgendwie subjektiv sinnvoll verbringen.

Die soeben gezeichneten Skizzen zu den drei pädagogischen Berufsgruppen konnten nur solche Akzente markieren, die im Zusammenhang unseres Themas von besonderer Bedeutung sind, und ersetzen keine gründliche Auseinandersetzung mit den entsprechenden Berufsprofilen. Zu dem in diesem Buch präsentierten Berufsverständnis haben sie in ihrer Praxis eine unterschiedliche

145

Nähe, verbunden mit spezifischen, teils in den tradierten Vorstellungen, teils in den besonderen Berufsbedingungen wurzelnden Schwierigkeiten. Jedenfalls lassen sie sich charakterisieren durch eine unterschiedliche Mischung der Grundformen pädagogischen Handelns und sind somit nur Variationen einer übergreifenden, einheitlich zu verstehenden pädagogischen Professionalität. Noch ist das Bewußtsein davon wenig ausgeprägt; die Berufsgruppen definieren sich immer noch überwiegend in ihrem begrenzten Teilhorizont, wobei die gemeinsame pädagogische Ausbildung eine nicht geringe Rolle spielt. Oft wird das berufliche Selbstbewußtsein auch durch Abgrenzung gegenüber den anderen Gruppen gewonnen, die dabei nicht selten sogar mit Vorurteilen über ihre pädagogische Bedeutung abqualifiziert werden: Lehrer verstünden nichts vom außerschulischen Leben der Schüler, Freizeitpädagogen gingen nur mit den Moden und Sozialpädagogen seien nur Büttel der Administration. Aber die Probleme des Aufwachsens in einer pluralistischen Gesellschaft werden in Zukunft eine Kooperation z.B. zwischen Schule und Jugendhilfe in ganz anderem Maße als bisher erfordern, was eines gemeinsamen, übergreifenden pädagogischen Berufsverständnisses bedarf.

7 Konsequenzen für die pädagogische Hochschulausbildung

„Praxisorientierung" ist seit den 70Jahren zu einem Zauberwort für die pädagogische Ausbildung geworden. Es ging darum, die Studiengänge thematisch wie didaktisch so zu organisieren, daß das Studienergebnis dem späteren Beruf und seiner Reflexion möglichst zugute kommen, darauf bezogen werden. Insofern scheint auf den ersten Blick die Handlungsorientierung, wie sie in diesem Buch beschrieben wird, in den pädagogischen Hochschulstudiengängen längst wenn nicht verwirklicht, so doch wenigstens energisch angestrebt worden zu sein. Davon kann jedoch allenfalls teilweise die Rede sein, und deshalb seien die letzten Überlegungen dieser Frage gewidmet, die ich an anderer Stelle ausführlicher behandelt habe (GIESECKE 1994).

1. Wer „Praxisorientierung" als Leitmotiv einer Hochschulausbildung fordert, muß sich überlegen, *was wer* später *von und mit ihren Absolventen lernen kann. Dabei geht es um zwei Kompetenzen: eine soziale* und eine *kulturelle.* Die soziale bezieht sich auf die Fähigkeit, Lerngemeinschaften zu stiften, eine pädagogische Beziehung aufzubauen und als Lernhelfer zu fungieren. Diese soziale Kompetenz ist für sich genommen bedeutungslos, solange sie nicht fundiert wird durch eine *kulturelle* Kompetenz, in der es um die *Inhalte* der Lernkommunikation geht. Abgesehen von der Lehrerbildung, in der ja die Unterrichtsfächer eine kulturelle Kompetenz stiften, kommt die Ausbildung kultureller Kompetenzen in der Regel zu kurz. Das hängt wohl damit zusammen, daß sich in der Vergangenheit Pädagogik verstanden hat als Expertentum für das „richtige Leben" von Kindern und Jugendlichen. Diese *normative* Tendenz durchzieht immer noch in hohem Maße das erziehungswissenschaftliche Denken und scheint umgekehrt bevorzugt einen entsprechend motivierten Typus von Studierenden anzuziehen.

Kulturelle Kompetenz bezieht sich auf *Sachkunde.* Sie muß erworben werden vor jeder praktischen Anwendung, sonst bleibt sie an diese fixiert, anstatt zum Repertoire zu werden für künftige, noch unbekannte Anwendungsfälle. Nur wenn ich zum Beispiel menschliche Beziehungen oder das Leben in Gruppen zur „Sache" mache und sie auch so studiere, im Grunde so, als wüßte ich noch gar nichts von ihrer praktischen Bedeutung, können mir die so gewonnenen Kenntnisse und Einsichten auch praktisch helfen. Da ich die künftigen Handlungssituationen nicht kennen kann, weil ich z.B. nicht weiß, welche Menschen mit welchen Erwartungen und Vorkenntnissen mich dann umgeben, kann ich vorweg meine Sache auch nicht so studieren, als ob ich dies längst wüßte; dann wird Praxisorientierung zur Fiktion. Deshalb kann die Frage danach nur auf die *Auswahl* der kulturellen Gegenstände zielen, nicht auf die Art und Weise ihrer Bearbeitung. Eine Auswahl muß immer getroffen werden, weil selbst ein lebenslanges Studium nicht die Fülle des Wissbaren ausschöpfen könnte. H. Schelsky hat einmal gesagt, daß es keine „pädagogische Soziologie" gebe, sondern nur soziologische Themen, die für Pädagogen interessanter seien als andere. In diesem pragmatischen Sinne kann man natürlich im Hinblick auf die künftige berufliche Praxis das Auswahlproblem lösen. Bezieht sich die kulturelle Kompetenz auf solche Gegenstände, die unterrichtet werden sollen, so ist das Maß der Qualifikation verhältnismäßig leicht zu bestimmen. Bezieht sie sich jedoch auf Gegenstände, die in der Form der Beratung, des Arrangierens oder Animierens vermittelt werden sollen, ist eine solche Überprüfung sehr viel schwieriger. Geht es zum Beispiel darum, jemandem bei der Lösung von Beziehungskonflikten zu helfen, so fällt zunächst einmal kaum auf, wenn dahinter auf Seiten des Pädagogen keine weitere kulturelle Kompetenz steckt, sondern vielleicht nur eine ideologische Voreingenommenheit oder ein Bündel angelernter Phrasen. Als Faustregel kann etwa gelten: Ich habe dann in einer Sache eine kulturelle Kompetenz, wenn ich darüber mit einem Fachmann produktiv diskutieren und dabei etwas dazulernen kann.

Neben die Auswahl der Studiengebiete kann natürlich auch eine Auswahl ihrer Aspekte treten. Einerseits muß ich zum Beispiel als Sozialpädagoge grundlegende *Prinzien* der Sozialverwaltung kennen, weil ich sonst Einzelfragen nicht verstehen kann. Andererseits aber interessieren mich besonders solche Aspekte, die für meinen Umgang mit den Partnern, für deren Rechte und Handlungsmöglichkeiten und für meinen eigenen Handlungsspielraum von Bedeutung sind. Schon in der Ausbildung sollte also in der sozialen Phantasie antizipiert werden, welche Bedeutung zum Beispiel eine bestimmte Theorie „abweichenden Verhaltens" generell für das sozialpädagogische Handeln hat.

Es gibt nämlich sozialwissenschaftliche Theorien darüber, die — unbeschadet ihrer sonstigen wissenschaftlichen Bedeutung — für den Standpunkt des Handelnden weniger von Belang sind als andere; aber um die einen von den anderen unterscheiden zu können, muß ich auch diejenigen erst einmal zur Kenntnis nehmen, die unter diesem Gesichtspunkt weniger ergiebig sind.

Der Begriff der „kulturellen Kompetenz" kann sich also auf unterschiedliche kulturelle Bereiche beziehen, keineswegs nur auf Unterrichtsfächer. Die vorhandenen pädagogischen Studiengänge müssen sich also die Frage gefallen lassen: Was kann der Absolvent außer Pädagogik noch?

2. Kernstück des pädagogischen Handelns ist die pädagogische Beziehung, insofern dieses Handeln in Face-to-face-Situationen abläuft. Deshalb ist es auch möglich, die Auswahl der Studiengegenstände um dieses Thema herum zu gruppieren.

a) Wie ist diese Beziehung zu verstehen? (Diese Leitfrage kann durchaus einen Gang durch die Geschichte der Pädagogik, z.B. eine Beschäftigung mit den Klassikern einschließen).

b) Durch welche Grundformen des pädagogischen Handelns kann diese Beziehung ausgefüllt und realisiert werden? (Diese Leitfrage vermag z.B. Studien über pädagogische Felder und über didaktisch-methodische Konstruktionen anzuregen).

c) Was muß ich über die möglichen Partner wissen? (Unter diesen Aspekt fallen z.B. Themen wie Sozialisation,

Entwicklung – auch im psychologischen Sinne –, Kenntnis der menschlichen Altersstufen vom Kleinkind bis zum Senior, sowie nicht zuletzt die Kenntnis der wichtigsten Sozialformen bzw. überhaupt der Vergesellschaftungsformen).

d) Was können diese Partner (später) von mir lernen (kulturelle Kompetenz)?

Eine derart strukturierte pädagogische Ausbildung vermag zwar auch nicht die Gegenstände eindeutig zwischen „notwendig" und „überflüssig" zu unterscheiden, aber doch ein sinnvolles Gerüst für ihre Auswahl zu errichten; der Rest könnte auf pragmatischer Übereinkunft beruhen.

3. Von einer derartigen Ordnung sind unsere pädagogischen Studiengänge, die so „praxisorientiert" daherkommen, jedoch teilweise weit entfernt. Stattdessen wurden sie immer mehr durch Detailvorschriften von Prüfungs- und Studienordnungen reglementiert. Mancherlei Bestrebungen trafen da zusammen: das Bedürfnis der Administration nach „Kapazitätsberechnungen" (wieviel Dozenten für welche Fächer braucht man, um für soundsoviele Studenten soundsoviele Lehrstunden bereitzustellen?); der daraus resultierende Marktkampf der Fächer um den Anteil an eben diesen Stundenzahlen; der Trend zur Didaktisierung der Fächer, mit der Hoffnung, man könne die Effizienz des Studierens erhöhen – und damit die Studienzeit verkürzen – wenn man nur genügend und richtig reglementiere; und nicht zuletzt ein akademisches Imponiergehabe, das sich in der Vorstellung eines unverzichtbaren Stoff-Kanons manifestiert. Das Interesse der Studenten an einem optimalen Studium spielte dabei eher als Vorwand eine Rolle, allerdings setzten sie der Aushöhlung ihrer „akademischen Freiheit" auch kaum Widerstand entgegen. Die detaillierten Prüfungs- und Studienordnungen sind nicht zum Nutzen der Studenten erfunden worden, sie sind rein *politische* Texte, das heißt das Ergebnis von Macht-Balancen, und können eigentlich nur von daher interpretiert werden. Weil das so ist, sind eben auch mächtige Interessen vorhanden, die sich einer Abschaffung dieses Unfugs widersetzen, der mit „Praxisorientierung" des Studiums jedenfalls nichts mehr zu tun hat.

Obwohl angesichts der dahinterstehenden Machtverhält-
nisse und der daraus resultierenden institutionellen Ver-
festigung in voraussehbarer Zeit kaum auf Abhilfe zu
rechnen ist, sei ein alternatives Verfahren wenigstens angedeutet.

Zunächst muß daran erinnert werden, daß geisteswissenschaftliche Studien nicht in den Seminarsitzungen statt-
finden, sondern davor und danach, — am häuslichen
Schreibtisch beziehungsweise in einer Bibliothek. Die
Lehrveranstaltungen — auch die Vorlesungen — sind dafür
nur ein Service, der nur dann erfolgreich sein kann, wenn
er durch Eigenarbeit unterstützt wird. Nun hat sich aber
vielfach eingebürgert, in den erwähnten „politischen
Texten" der Studien- und Prüfungsordnungen verhältnismäßig hohe „Semesterwochenstundenzahlen" — circa 16
bis 18 — verbindlich zu machen. Da aber — wie wir gesehen
haben — jedes administrative Handeln und Denken darauf
angelegt ist, an sich Ungleiches unter gleichen Gesichtspunkten zu subsumieren, wird bei diesen Rechnungen die
Form der Lehrveranstaltung (Vorlesung; Seminar, Übung;
Projekt) außer acht gelassen. 16 Semesterwochenstunden
können also prinzipiell acht zweistündige Vorlesungen
oder acht zweistündige Seminare bedeuten. Beide Extre-
me sind nach aller Erfahrung natürlich nicht zweckmäßig.
Manchen Studenten gelingt es, hier eine befriedigende
Balance zu schaffen. Aber unverkennbar wird durch derartige Reglementierungen die Energie und Phantasie der
Studenten auf die — oft praktisch unmögliche — Erfüllung
solcher Vorschriften gerichtet. Die Idee des individuellen,
selbständigen Studierens geht notwendigerweise verlo-
ren, die Seminare sind voll von Studenten, die keine Zeit
mehr haben, die Sitzungen vor- und nachzubereiten und
die dies inzwischen auch kaum mehr für geboten halten.
Was sich also als Effektivierung des Studiums auswirken
sollte, hat sich ins Gegenteil verkehrt: Ernsthaft studieren
kann nur noch, wer den Mut hat, subversiv mit solchen
Reglementierungen umzugehen.

Nun ist natürlich gegen eine gewisse thematische Festlegung insofern nichts einzuwenden, als sie der Orientierung der Studierenden dient oder sich aus Sachzwängen
plausibel ergibt. So dürfte unstrittig sein, daß ein Lehrer

151

seine Unterrichtsfächer auch tatsächlich studieren und daß ein Sozialpädagoge über solide Rechts- und Verwaltungskenntnisse verfügen muß. Aber gerade für den im engeren Sinne pädagogischen Studienanteil können solche Pflichtgebiete, die aus irgendeinem Grunde wichtiger seien als andere Themen, höchstens pragmatisch begründet werden. Festzulegen wären nur die *Leistungsnachweise* („Scheine") und die *Prüfungsanforderungen.* Der Student muß wissen, was er am Ende seines Studiums bzw. am Ende einer Studienphase vorzuweisen hat.

Wenn er zum Beispiel zu Beginn seines Studiums weiß, daß er für sein Vordiplom in „Erziehungswissenschaft" 2 „Scheine" vorzulegen hat, und daß er für die mündliche Prüfung neben den — durch Literaturangaben angedeuteten — Grundkenntnissen 2 Spezialthemen mit dem Prüfer vereinbaren muß, dann reicht diese Information für die Planung des Studiums vollkommen aus, und die Verpflichtung, bestimmte Lehrveranstaltungen zu bestimmten Themen in bestimmter Anzahl zu „besuchen", kann lediglich desorientierend wirken. Bedingt gewiß auch durch hohe Studentenzahlen ähneln die Vorlesungsverzeichnisse mancherorts Versorgungskatalogen, die auf Empfangsberechtigte warten: An manchen Hochschulen sind die Lehrangebote sogar vorweg nach Studiengängen geordnet, so daß die übliche Vertretung des Faches in seiner Gesamtheit unter diesen Detailangeboten verschwindet.

Die üblichen Studienreglementierungen konnten so lange noch hingenommen werden, wie sie einen entsprechenden beruflichen Einstieg garantierten. Da aber diese Voraussetzung inzwischen für *alle* pädagogischen Studiengänge unsicher geworden ist, sind solche Reglementierungen auch dis-funktional im Hinblick auf den Studienzweck und die Berufschancen geworden.

Auch aus diesem Grunde muß das Studium wieder *individualisiert, weitgehend der Verantwortung des einzelnen Studenten überlassen werden.* Das gilt vor allem im Hinblick auf die kulturellen Kompetenzen. Der Student muß die Möglichkeit erhalten, selbst zu entscheiden, mit welchen kulturellen Kompetenzen er sich „auf den Markt begeben" will. Pädagogische Studiengänge wären also von den *Abschlüssen* her zu konzipieren: wenn jemand diese oder jene Leistungen vorweisen kann, wird er zur Prüfung zugelassen.

Die Rückkehr zur Individualisierung des Studiums ist aber auch noch aus einem anderen Grunde nötig. Die Versuche, pädagogische Studiengänge auf bestimmte Berufe bzw. Berufsgruppen hin zu orientieren, müssen insofern als gescheitert gelten, als sie keineswegs zu einer höheren beruflichen Kompetenz in diesem Sinne geführt haben. Abgesehen nämlich von der erwähnten mehr oder weniger plausiblen Auswahl der Lehrbereiche bzw. einzelner ihrer Aspekte haben sie die berufliche Zuordnung nicht weiter profilieren können. „Berufsbezogenheit" hat sich als eine Fiktion erwiesen. Übrig geblieben davon ist im besten Falle ein *allgemeinbildendes* Ergebnis, schlimmstenfalls jedoch reduziert auf einen zweifelhaften wissenschaftlichen Standard. Darin drückt sich nur die Erfahrung aus, daß die berufliche Relevanz eines geisteswissenschaftlichen Studiums in seinem allgemeinbildenden Charakter liegt, nicht von ungefähr erlebt die Idee der Allgemeinbildung inzwischen eine Renaissance, nachdem der Begriff der „Bildung" in den 70er Jahren durch den der „Qualifikation" weitgehend außer Kraft gesetzt wurde. Dem entsprach ein Bedeutungswechsel von der Lehrerbildung zur Lehrerausbildung. Die Wiederentdeckung des Bildungskonzeptes hat unter anderem mit der Einsicht zu tun, daß die einem geisteswissenschaftlichen Studium entsprechenden Berufsstrukturen so komplex geworden und in einem derartigen Wandel begriffen sind, daß schon von daher berufsspezifische Zuordnungen problematisch sind. Pädagogische Studien können nur Grundlagen anbieten, die dann später durch Einarbeitung in ein spezifisches Berufsfeld und durch Fortbildung im Hinblick auf bestimmte Berufstätigkeiten zu ergänzen bzw. zu spezifizieren sind. Das Studieren muß in einer sich rapide verändernden Gesellschaft auch nach dem Examen weitergehen.

4. Die Idee von der Einheitlichkeit aller pädagogischen Berufe — getragen von einem einheitlichen Begriff des „pädagogischen Handelns" — legt den Gedanken nahe, die

vorhandenen pädagogischen Studiengänge besser konvertierbar zu machen.

Die strenge Trennung der pädagogischen Ausbildungsgänge, wie wir sie heute vorfinden, hat ja historische Gründe. Zunächst sind eben die schulpädagogischen Berufe entstanden – nach Schularten beziehungsweise heute teilweise nach Schulstufen getrennt; später setzte die Pädagogisierung der Randständigen ein, – der Armen, der Irren, der Kriminellen usw. Schließlich wurde die Massenfreizeit zu einem pädagogischen Berufsfeld. Nun läge die Vorstellung nahe, *alle* pädagogischen Berufe – wie wir es auch aus der Medizin kennen – in einem ein*heitlichen Ausbildungsgang* zusammenzufassen, der zunächst aus einem gemeinsamen Grundstudium besteht, an das sich dann die notwendigen Spezialisierungen anschließen.

Der Vorteil für die Pädagogen wie für ihre Partner wäre, daß die bisherige lebenslange Fixierung an einen pädagogischen Teilberuf leichter individuell durchbrochen werden könnte. Diese lebenslange Fixierung ist ja ganz unmodern, eher ein typisches Charakteristikum der „ständischen" Epoche. Durch Umlernen beziehungsweise Zusatzqualifikationen könnte jemand zum Beispiel als Hauptschullehrer beginnen, nach einigen Jahren zur Sozialpädagogik wechseln und – älter geworden – Dozent an einer Volkshochschule werden. Die altersbedingten Engagementmöglichkeiten könnten so viel besser ausgenutzt werden, und der dadurch mögliche Erfahrungsreichtum würde der pädagogischen Beziehung zweifellos zugute kommen. Die lebenslange Fixierung auf einen pädagogischen Teilberuf dagegen führt leicht zur bloßen Routine und zur geistigen Unbeweglichkeit. Selbst wenn auf längere Sicht wegen der schwer zu verändernden institutionellen Verfaßtheit und wegen der daraus resultierenden Interessen der Träger und Berufsorganisationen eine grundlegende Änderung am status quo nicht möglich sein sollte, wären die Übergänge zwischen den einzelnen pädagogischen Berufen durch das Angebot von Zusatzqualifikationen zu erleichtern.

5. Der Gedanke des inneren Zusammenhangs aller pädagogischen Berufe müßte zudem die Perspektive auf die

möglichen Partner erweitern. Für lange Zeit hatten die Pädagogik und die diese unterstützende Pädagogische Psychologie lediglich die Phasen der Kindheit und Jugend im Blick. Inzwischen hat der pädagogische Handlungshorizont nicht nur alle denkbaren Behinderungen, sondern auch alle erwachsenen Altersstufen, also die ganze menschliche Biographie erfaßt. Diese Expansion des pädagogischen Bewußtseins kann für das Verständnis von Kindheit und Jugend nicht ohne Folgen bleiben. Der Umgang mit Unmündigen wird zu einem Sonderfall der pädagogischen Profession, was einer Versachlichung zugute kommen könnte. Einstweilen müssen wir uns mit der Leitfrage begnügen: Warum und unter welchen Bedingungen müssen wir Kinder oder Jugendliche anders behandeln, als wir es in einer vergleichbaren Situation mit einem Erwachsenen tun würden? Andererseits könnte sein, daß das übersteigerte Interesse der modernen Gesellschaft an der Kindheit, das ja nicht zuletzt von denen propagiert wird, die von dieser Altersphase beruflich leben, einem ebenso problematischen Desinteresse weichen wird.

6. Statt die „Praxisorientierung" in den Lerngegenständen selbst zu suchen oder in Fiktionen von der späteren Brauchbarkeit dessen, was studiert wird, sollte die Praxis der Hochschule selbst in den Blick genommen werden. Wer ein gutes Referat halten will, muß dafür sorgsam recherchieren, und diese Fähigkeit benötigt der Student später in vielen beruflichen Zusammenhängen, — keineswegs nur dort, wo er ausdrücklich unterrichtet. Die Grundformen pädagogischen Handelns kann der Student während des Studierens wenigstens in den Grundzügen erkennen und auch üben.

Indem er ein Referat hält, handelt er pädagogisch, er *unterrichtet* das Seminar. Dabei muß er die gleiche schöpferische Leistung vollbringen, wie ich sie im Kapitel „Unterrichten" am Beispiel des Vortrags dargestellt habe. Die damit verbundenen didaktisch-methodischen Probleme kann man ihm erklären. So kann er zum Beispiel lernen, sein Thema nicht isoliert zu sehen, sondern sich damit einzufädeln in das Gesamtthema des Seminars (was war vorher dran, wovon ist jetzt die Rede?). Ferner kann er ler-

155

nen, daß Hören und Lesen verschiedene Formen der geistigen Aufnahme sind, daß also die Vortragsfassung des Referates möglicherweise eine andere Form haben muß als die schriftliche, daß aber für beide Formen klare Gliederung und überzeugender logischer Aufbau unerläßlich sind.

Arrangieren kann der Student lernen, wenn er sich für sein Referat entsprechendes ausdenkt (Tafelbenutzung; Gliederungspapiere; Sitzordnung usw.), und *Animieren* lernt er dadurch, daß er von seiner Sache überzeugt ist und durch die Art des Vortrags die anderen Seminarteilnehmer interessiert macht. *Informieren* und *Beraten* können ältere Semester die jüngeren, insofern sie vor diesen einen Wissens- und Erfahrungsvorsprung haben.

7. Bei den Praktika schließlich verändert sich die Perspektive grundlegend. Hier kann der Student nicht nur erste berufliche Erfahrungen als pädagogisch Handelnder machen, obwohl er in der Regel einen etwas unklaren Zwischenstatus einnimmt zwischen den dort handelnden pädagogischen Profis einerseits und den Partnern andererseits. Wichtiger ist die Gelegenheit, die Komplexität eines bestimmten pädagogischen Feldes und die dort geltenden pädagogischen Handlungsformen und Handlungsstrukturen einschließlich der darauf bezogenen politischen, ökonomischen und administrativen Handlungsteile studieren zu können.

Dabei wird auch deutlich, daß Praktikumsort und Hochschule zwei grundverschiedene Lernorte sind, in unserer Terminologie zwei verschiedene Lernarrangements. Die Aufgabe der Hochschule ist die Entwicklung *systematischer* Vorstellungen; nur was systematisch gelernt wurde, ist auch auf neue, künftige Situationen anwendbar. Erst das Praktikum erlaubt den vollen Perspektivenwechsel zum Standpunkt des pädagogischen Handelns, und *beide* Erfahrungsweisen kann nur der je einzelne Student in seine Vorstellungswelt sinnvoll integrieren. Steht der Student in seinem Praktikumsort, dann wird er zur Interpretation seiner Handlungssituation auf das Repertoire seiner bisherigen Erfahrungen zurückgreifen, wozu auch das im Studium Gelernte gehört, und er wird versuchen, diese

Erfahrungen für seine Handlungssituation zu mobilisieren. Tritt er danach wieder in das Lernfeld Hochschule ein, so wird er, wieder konfrontiert mit dem systematischen Studium, in diesem die Erfahrungen vom Praktikumsort als besonderes thematisches Interesse oder als Fragestellung zur Geltung bringen. Auf diese Weise kann der Wechsel der Lernorte zur Modellerfahrung für den späteren Wechsel von Aktion und Reflexion werden. Und vielleicht entdeckt der Student in seinem Praktikum, was mancher Hochschullehrer vergessen zu haben scheint: daß viel „Praktisches", was man für eine bestimmte pädagogische Berufstätigkeit braucht, nur innerhalb dieser Tätigkeit auch gelernt werden kann und nicht vorher an der Hochschule.

Literatur-Hinweise

Vorbemerkung: Die folgenden Hinweise konzentrieren sich auf das Thema im engeren Sinne. Sie enthalten Titel, die auf die Professionalisierungsdiskussion der jüngsten Zeit in der Pädagogik bzw. Erziehungswissenschaft Bezug nehmen oder die ich im Text erwähnt habe. Literaturverzeichnisse für die einzelnen Kapitel dieses Buches, z.b. zu den einzelnen Formen pädagogischen Handelns oder zur „pädagogischen Beziehung", hätten den Rahmen gesprengt.

APEL, Hans Jürgen/HORN, Klaus-Peter/LUNDGREEN, Peter/SANDFUCHS, Uwe (Hrsg.): Professionalisierung pädagogischer Berufe im historischen Prozeß. Bad Heilbrunn 1999

BAUER, Karl-Oswald/KOPKA, Andreas/BRINDT, Stefan: Pädagogische Professionalität und Lehrerarbeit. Weinheim/ München 2. Aufl. 1999

BAUER, Karl-Oswald: Professionelles Handeln in pädagogischen Feldern. Ein Übungsbuch für Pädagogen, Andragogen und Bildungsmanager. Weinheim/München 1997

BREZINKA, Wolfgang (Hrsg.): Erziehung als Beruf. Wien 1955

BROMME, Rainer: Der Lehrer als Experte. Zur Psychologie des professionellen Wissens. Bern/Göttingen/Toronto 1992

COMBE, Arno/HELSPER, Werner (Hrsg.): Pädagogische Professionalität. Untersuchungen zum Typus pädagogischen Handelns. Frankfurt 1996

DEWE, Bernd/FERCHHOFF, Wilfried/RADTKE, Frank-Olaf (Hrsg.): Erziehen als Profession. Zur Logik professionellen Handelns in pädagogischen Feldern. Opladen 1992

FISCHER, Aloys: Erziehung als Beruf. In: A. Fischer: Ausgewählte pädagogische Schriften, hrsgg. von Karl Kreitmair. Paderborn 1961

GIESECKE, Hermann, Die pädagogische Beziehung. Pädagogische Professionalität und die Emanzipation des Kindes. Weinheim/München 1997.

GIESEKE, Wiltrud u.a.: Professionalität und Professionalisierung. Bad Heilbrunn 1988

HORNSTEIN, Walter/LÜDERS, Christian.: Professionalisierungstheorie und pädagogische Theorie. In: Zeitschrift für Pädagogik, H.6/1989, S.749-769

KORCZAK, Janusz: Wie man ein Kind lieben soll. Göttingen 1967

KORING, Bernhard: Grundprobleme pädagogischer Berufstätigkeit. Eine Einführung für Studierende. Bad Heilbrunn 1992

KRÜGER, Heinz-Hermann/Lersch, Rainer: Lernen und Erfahrung. Perspektiven einer Theorie schulischen Handelns. Bad Heilbrunn 1982

MAKARENKO, A.S.: Ein pädagogisches Poem. In: Ders.: Werke, Bd. I, Berlin 1982

MÜLLER, C. Wolfgang: Wie Helfen zum Beruf wurde. Eine Methodengeschichte der Sozialarbeit. 2 Bde., Weinheim-Basel 1988 (Bd. 1: Neuaufl. 1990, Bd. 2: 3. Aufl. 1997)

NOHL, Herman: Die pädagogische Bewegung in Deutschland und ihre Theorie. 7. Aufl. Frankfurt 1970

OETINGER, Friedrich: Partnerschaft. Die Aufgabe der politischen Erziehung. 3. Aufl. Stuttgart 1953

ROUSSEAU, Jean-Jacques: Emil, oder über die Erziehung. Paderborn 1963

SCHMIDBAUER, Wolfgang: Die hilflosen Helfer. Reinbek 1977

TENORTH, Heinz-Elmar: Professionstheorie für die Pädagogik? In: Zeitschrift für Pädagogik, H.6/1989, S. 809-824

WAGNER, Hans-Josef: Eine Theorie pädagogischer Professionalität. Weinheim 1998.